税理士 **弓家田 良彦**
税理士 **石田 博英**

# 不動産を買うとき売るときの税金でトクする法

日本実業出版社

## はじめに

　2020年に東京オリンピックが開催されることが決定されてから、東京都心部の再開発が活発化しています。

　それに伴い、土地の時価も横ばいから上昇に転じる地点が増えてきており、特に都心3区（千代田区、港区、中央区）や5区（3区に新宿区、渋谷区を加えた地域）といわれるところは、ミニバブルの様相を呈してきております。

　しかし、一方で少子高齢化とともに空き家問題が深刻化しており、地価が上昇している地域と相変わらず下落を続けていて底の見えない地方圏との二極分化がより一層進んできているというのが現状であるといえるでしょう。

　いずれにしても、大抵の人にとっては不動産の売買は一生のうちに何回もあるものではない、きわめて大きな金額の動く取引であり、特に不動産にまつわる税金は非常に複雑であり、また、多岐にわたっているという特徴があります。

　不動産を買ったとき、売ったときの税金には、"税金を納めるケース"と"税金が戻ってくるケース"とがありますが、特に税金が戻ってくるケースは何もしないでも戻ってくるわけではなく、戻すための申告をする必要があり、そのしくみを知っていなければ税金を取り戻すことができません。

　また、税金を納めるケースでも、様々な特例があり、その特例を使うことによって税金を安くすることができますが、この場合も特例を使った申告をしなければ税金を安くすることはできません。

　どのようなケースが税金を取り戻せるのか、また税金を安くすることができるのか、なるだけ多くの事例を取り上げて説明するようにしております。

　本書を活用することで、不動産の売買をしようとされる皆様の"自分が活用できる節税策は何か"という疑問を解消するお役に立てれば幸いです。

　2015年4月　　　　　　　執筆者を代表して　弓家田　良彦

---

　　本書の内容は2015（平成27）年4月1日現在の法令等に基づいています。

# 不動産を買うとき売るときの
# 税金でトクする法

もくじ

はじめに

## 第1章 不動産を買うときにかかる税金

| | | |
|---|---|---|
| 1-1 | 契約書などには印紙を貼る<br>……印紙税のしくみ | 10 |
| 1-2 | 不動産を買うと登録免許税もかかる<br>……登録免許税のしくみ | 12 |
| 1-3 | 新築建物の登録免許税は「価格表」をもとに計算する<br>……「新築建物価格認定基準表」とは | 14 |
| 1-4 | 不動産取得税は忘れたころにやってくる<br>……不動産取得税のしくみと特例控除 | 16 |
| 1-5 | 住宅敷地の不動産取得税も優遇される<br>……不動産取得税の税額軽減の特例 | 20 |
| 1-6 | 消費税は建物の買主が負担する<br>……消費税のしくみ | 22 |
| 1-7 | 消費税はどんな人が納める?<br>……課税事業者と税額の計算 | 24 |
| 1-8 | 消費税は還付されることがある<br>……還付手続きの流れ | 28 |

| 1-9 | 固定資産税は毎年かかる | 33 |

……固定資産税のしくみ

# 第2章 マイホームの購入には税金の優遇特例がいっぱい！

| 2-1 | 知らないと損する住宅ローン控除 | 36 |

……住宅ローン控除のしくみ

| 2-2 | 住宅ローン控除を受ける場合の床面積や取得代金のポイント | 39 |

……住宅ローン控除の適用要件の注意点①

| 2-3 | 不動産の名義や土地の先行取得と住宅ローン控除 | 42 |

……住宅ローン控除の適用要件の注意点②

| 2-4 | 繰り上げ返済や、借り換えをすると住宅ローン控除はどうなる？ | 46 |

……住宅ローン控除の適用要件の注意点③

| 2-5 | 夫婦で住宅ローンを組む場合はここに注意する | 48 |

……共有持分と住宅ローン控除

| 2-6 | 住宅部分が2分の1未満の場合は区分登記を検討しよう | 50 |

……店舗併用住宅と住宅ローン控除

| 2-7 | 住宅ローン控除を受けるためには確定申告が必要 | 52 |

……提出書類

| 2-8 | 住宅購入資金を安易に出してもらうと贈与税が課税される | 54 |

……住宅取得資金と贈与税

| 2-9 | 親の建物に子が増改築をすると贈与になる？ | 56 |

……事例で考える①（付合の場合は注意）

| 2-10 | 子供名義の預金も贈与とされる？ | 58 |

……事例で考える②

| 2-11 | 大幅に拡充された住宅取得等資金の贈与の特例 | 60 |

……贈与税の特例制度①

| 2-12 | 「相続時精算課税制度」を選択すると2,500万円まで贈与税がかからない | 62 |

……贈与税の特例制度②

| 2-13 | 「住宅取得等資金の贈与の特例」では一般贈与の特例のほうが相続時精算課税制度の特例よりトク | 65 |
|---|---|---|
| | ……住宅取得等資金の贈与の特例 | |
| 2-14 | 長年連れ添った妻も不動産の名義人にしたい場合 | 67 |
| | ……贈与税の配偶者控除の特例 | |

# 第3章 不動産を売って利益が出たときの税金

| 3-1 | 譲渡税の計算方法と譲渡収入の考え方 | 70 |
|---|---|---|
| | ……売却益に対する譲渡税① | |
| 3-2 | 取得費とは | 72 |
| | ……売却益に対する譲渡税② | |
| 3-3 | 購入代金を証明する売買契約書や領収書を紛失してしまったら | 74 |
| | ……売却益に対する譲渡税③ | |
| 3-4 | 譲渡費用に含まれるものと赤字が出た場合 | 76 |
| | ……売却益に対する譲渡税④ | |
| 3-5 | 建物の取得費は減価償却費を差し引いて計算する | 78 |
| | ……建物の取得費 | |
| 3-6 | 建売や中古で購入した土地建物を売却した場合の取得費の計算 | 80 |
| | ……建売・中古物件の取得費 | |
| 3-7 | 所有期間によって税率は異なる | 84 |
| | ……長期譲渡と短期譲渡 | |
| 3-8 | 相続・贈与により取得した不動産の売却は取得日、取得費を引き継ぐ | 86 |
| | ……取得日・取得費の特例 | |
| 3-9 | 親族間や同族会社との間での不動産売買は要注意 | 88 |
| | ……低額譲渡となるとき | |

# 第4章 マイホームを売るときに知らないとソンする特例

**4-1** マイホームを売却して利益が出た場合には特例がある　92
……3,000万円控除、軽減税率、買換え特例制度の概要

**4-2** 引っ越し後だいぶ経っての売却でも適用できる？　95
……3,000万円控除のしくみと利用法①

**4-3** 住んですぐに引っ越した場合も自宅といえるのか　97
……3,000万円控除のしくみと利用法②

**4-4** 住民票があれば自宅と認められるのか　99
……3,000万円控除のしくみと利用法③

**4-5** 親子間の売買でも3,000万円控除は適用できるのか　102
……3,000万円控除のしくみと利用法④

**4-6** 単身赴任者の自宅はどこにある？　104
……3,000万円控除のしくみと利用法⑤

**4-7** 同一敷地内に親世帯と子世帯の建物がある場合は　106
……3,000万円控除のしくみと利用法⑥

**4-8** 同一敷地内の親・子世帯の建物が一体となっている場合は　108
……3,000万円控除のしくみと利用法⑦

**4-9** 敷地の一部を売却した場合の3,000万円控除は　110
……3,000万円控除のしくみと利用法⑧

**4-10** 自宅敷地を分割して別々に売却したとき、店舗併用住宅を売却したとき　114
……3,000万円控除のしくみと利用法⑨

**4-11** 夫婦共有の場合は3,000万円控除がダブルになる　116
……3,000万円控除のしくみと利用法⑩

**4-12** 夫が土地を、妻が家屋を所有している場合はどうなる？　118
……3,000万円控除のしくみと利用法⑪

**4-13** 離婚で財産分与した場合も譲渡税が課税される？　120
……3,000万円控除のしくみと利用法⑫

| 4-14 | 贈与された自宅をすぐに売却した場合の3,000万円控除は | 122 |

……3,000万円控除のしくみと利用法⑬

| 4-15 | 所有期間が10年を超えれば3,000万円控除とともに軽減税率が適用される | 124 |

……軽減税率の適用

| 4-16 | 「居住用の買換え特例」とはこんな制度 | 126 |

……買換え特例のしくみと利用法①

| 4-17 | 買換え特例は課税の繰延べなので次に売却するときは要注意 | 128 |

……買換え特例のしくみと利用法②

| 4-18 | マイホームを売却して赤字が出たときは、税金が３年間安くなる？　その１ | 130 |

……居住用財産の買換え等の場合の譲渡損失の繰越控除等①

| 4-19 | どれだけ税金がトクするか実際に計算してみよう | 132 |

……居住用財産の買換え等の場合の譲渡損失の繰越控除等②

| 4-20 | マイホームを売却して赤字が出たときは、税金が３年間安くなる？　その２ | 134 |

……特定居住用財産の譲渡損失の繰越控除等

# 第5章 不動産を相続するときに知ってトクする特例

| 5-1 | 相続税のしくみの基本を知っておこう | 138 |

……基礎控除額と課税のしくみ

| 5-2 | アパートを建てると相続税が安くなるしくみ | 142 |

……建物による節税効果

| 5-3 | 相続したマイホームの敷地は８割引きに | 146 |

……小規模宅地の減額特例①

| 5-4 | 二世帯住宅や老人ホームに入居しているとき | 148 |

……小規模宅地の減額特例②

| 5-5 | 特定事業用、貸付用も小規模宅地の減額が受けられる | 151 |

……小規模宅地の減額特例③

| 5-6 | 一人暮らしの母親が自宅を相続しているときの注意点 | 154 |
|---|---|---|
| | ……節税以外のポイント | |
| 5-7 | タワーマンション節税ってどういうこと？ | 159 |
| | ……節税のカラクリ | |
| 5-8 | 相続した不動産を3年以内に売却すると譲渡税が安くなる | 162 |
| | ……相続税の取得費加算の特例 | |
| 5-9 | 代償金を支払って相続した自宅を売却した場合は居住用の特例が適用される？ | 164 |
| | ……代償分割と換価分割 | |

# 第6章 不動産を交換したとき、事業用の不動産を売ったときの税金

| 6-1 | 不動産を交換すると譲渡税が課税される | 168 |
|---|---|---|
| | ……売買と交換の違い | |
| 6-2 | 交換特例はどんなときに使えるものか | 170 |
| | ……「交換特例」の適用要件 | |
| 6-3 | 固定資産を交換して交換差金がある場合は注意が必要 | 172 |
| | ……時価の差の20％基準 | |
| 6-4 | 時価の異なる不動産の交換 | 174 |
| | ……時価の異なる交換① | |
| 6-5 | 親子等の特殊関係者間での不動産の交換について | 176 |
| | ……時価の異なる交換② | |
| 6-6 | 交換特例が適用される「同種の固定資産」とは | 178 |
| | ……土地と土地付建物の交換 | |
| 6-7 | 交換特例が適用される"同一の用途に供する"とは | 180 |
| | ……宅地と駐車場の交換 | |
| 6-8 | 一部交換、一部売買の場合の取扱い | 182 |
| | ……交換特例の適用・不適用① | |
| 6-9 | 借地権と底地の交換の場合の取扱い | 184 |
| | ……交換特例の適用・不適用② | |

| 6-10 | 兄弟で共有の土地を分割した場合はどうなる？ | 186 |

……共有物分割

| 6-11 | 特定事業用資産の買換え特例とは何か | 188 |

……事業用資産を売ったときの買換え特例①

| 6-12 | 「事業用の買換え」は売却代金の80％が限度 | 190 |

……事業用資産を売ったときの買換え特例②

| 6-13 | 「事業用の買換え」は課税の繰延べ　その1 | 192 |

……事業用資産を売ったときの買換え特例③

| 6-14 | 「事業用の買換え」は課税の繰延べ　その2 | 194 |

……事業用資産を売ったときの買換え特例④

| 6-15 | 交換特例が適用されない場合でも事業用資産の交換特例がある | 196 |

……事業用資産の交換特例

---

### ・・・コラム・・・

優良な住宅（200年住宅）はローンがなくても税金が戻る ………… 53
交換契約書に貼る印紙代を節約しよう ………………………………… 90
「すまい給付金」とは ……………………………………………………… 113
「ふるさと納税」ってなに？ ……………………………………………… 136
「ふるさと納税」にワンストップ特例制度ができた ………………… 166

---

◇カバーデザイン　モウリ・マサト
◇本文DTP　　　　一企画

# 第 1 章

# 不動産を買うときにかかる税金

印紙税のしくみ

# 契約書などには印紙を貼る

## 契約書と印紙税

　不動産の売買を行なうときは「**売買契約書**」、建物を建築する場合には「**工事請負契約書**」を作成します。また、不動産を購入したり、建物を建築したりするときは金融機関からローンの借入れをすることがありますが、このときに作成されるのが「**金銭消費貸借契約書**」です。これらの「契約書」を取り交わすときにかかってくる税金が印紙税です。

　「**印紙税**」は、国が発行した印紙を購入してその「契約書」に貼り付け、印鑑などで消印して納めます。その税額は契約金額により定められており、その契約金額に応じた税額は下表のとおりです。なお、ここで

●印紙税の税額表（抜粋）●

| 契約金額 | 印紙税額 | 軽減税額① | 軽減税額② |
|---|---|---|---|
| 1万円未満 | 非課税 | | |
| 1万円以上　10万円以下 | 200円 | 200円 | 200円 |
| 10万円を超え50万円以下 | 400円 | | |
| 50万円を超え100万円以下 | 1,000円 | 500円 | |
| 100万円を超え200万円以下 | 2,000円 | 1,000円 | |
| 200万円を超え300万円以下 | 2,000円 | 1,000円 | 500円 |
| 300万円を超え500万円以下 | | | 1,000円 |
| 500万円を超え1,000万円以下 | 10,000円 | 5,000円 | |
| 1,000万円を超え5,000万円以下 | 20,000円 | 10,000円 | |
| 5,000万円を超え1億円以下 | 60,000円 | 30,000円 | |
| 1億円を超え5億円以下 | 100,000円 | 60,000円 | |
| 5億円を超え10億円以下 | 200,000円 | 160,000円 | |
| 10億円を超え50億円以下 | 400,000円 | 320,000円 | |
| 50億円超 | 600,000円 | 480,000円 | |
| 契約金額の記載のないもの | 一通につき200円 | | |

（注）　平成30年3月31日までに作成される不動産売買契約書は軽減税額①、建築請負契約書は軽減税額②の金額となります。
　　　契約書に消費税額が区分して記載されているときは、その消費税額を含めない金額で判断します。

いう契約金額は、不動産の売買契約書では売買金額、工事請負契約書では請負金額、ローン借入れの場合は借入金額で判断します。

## 5万円以上の領収書にも印紙を貼る

　請負代金や売買代金の授受を行なう場合には、領収書を発行しますが、5万円以上の領収書には印紙税が課税されます。ただし、営業に関しないものは非課税とされているため、たとえば、個人が営業以外で不動産を売却して領収書を発行しても印紙を貼る必要はありません。

## こうすれば印紙税を節約できる

　契約書は、通常は2通を作成して売主・買主が、1通ずつ所持するようにしますが、印紙税は作成した契約書ごとに印紙を貼って納める必要があります。したがって、たとえば7,000万円の不動産を購入するときに売買契約書を2通作成したら、それぞれの契約書に3万円の印紙を貼らなければなりません。

　では、契約書を1通しか作らなければどうでしょうか？　実はこの場合、契約書は1通だけなので、1通分の印紙代しかかかりません（1通分の費用を折半します）。つまり、契約書はあくまで1通しか作成せず、その作成した契約書の原本を一方（通常は買主）が所持し、もう一方は、その契約書のコピーを持っておくようにすればよいわけです。

## 印紙を貼らないと3倍の過怠税がとられる！

　「契約書に印紙を貼ったかどうかなんて、税務署にわかるわけがないのでは？」と言う方がいます。たしかに、契約の現場に税務署員がいるわけではないので、その段階ではわからないかもしれません。

　しかし、住宅ローン控除（36ページを参照）を受けるなどの場合には、所得税の確定申告書に売買契約書や請負契約書のコピーを添付しなければなりませんし、不動産を売却した場合の譲渡所得税の申告の際にも売買契約書のコピーを添付します。印紙の貼っていない契約書のコピーを税務署に提出すればそこでバレてしまいます。契約書に印紙を貼っていなかった場合は、「過怠税」としてその貼るべき印紙の3倍の金額が徴収されることになっていますので注意が必要です。

# 1-2 不動産を買うと登録免許税もかかる

登録免許税のしくみ

### 登記をすると登録免許税がかかる

　不動産を購入したら、他人に対して「この土地や建物は自分のものである」という権利を明らかにするための手段として登記が必要になってきます。

　不動産の登記を行なうことによって、12桁の英数字からできている「**登記識別情報**」が通知されることになります（以前は、登記が完了すると、いわゆる「**権利証**」が発行されていましたが、現在は発行されません）。

　「**登録免許税**」とは、この登記をする際にかかってくる税金です。

　不動産が自分のものとなるケースとしては「売買による購入」が一般的であり、このように他人から不動産を手に入れて自分のモノにする場合の登記を「**所有権の移転登記**」といいます。土地を購入する場合や建売住宅、土地付中古住宅、マンションなどを購入する場合は「**所有権の移転登記**」をすることになります。

　それに対して、自分が持っている土地の上に自宅やアパートなどを建築して新築建物を自分のモノにする場合の登記を「**所有権の保存登記**」といいます。

　なお、不動産を購入したり建物を新築したりする場合に購入資金や建築資金がなければ銀行からその購入代金の一部を借り入れることになりますが、この借入れをするときにはその購入する不動産を担保として提供することになります。

　銀行が担保にとるということは、「この土地と建物は自分が担保としてとっている。万が一、返済できなくなったらこの土地建物を処分して借金を回収する」ということであり、担保にとっていることを法律的に明らかにするために行なわれる登記を「**抵当権の設定登記**」といいます。

## 登録免許税の税額はいくらくらいか？

登録免許税の税額は、下の算式にあるとおり課税標準に税率をかけて計算します。

> 登録免許税の税額＝課税標準×税率（下表参照）

ここで、課税標準とは税率をかける"基"のことをいいますが、所有権の保存登記や移転登記の際の課税標準は、「不動産の価額」とされています。不動産の価額とは、市町村が固定資産税を課税するときに使用する固定資産税評価額のことをいい、市町村役場で「固定資産税の評価証明書」を入手すればすぐにわかります。

一方、「抵当権の設定登記」の場合の課税標準は債権金額ですから、借入金の額（債権金額）に税率をかけることになります。

なお、登記手続きを自分で行なうことはなかなか難しいため、通常は司法書士に手続きを依頼することになります。登記費用という場合は、一般的には「登録免許税」と「司法書士の手数料」の合計額をさします。

### ●登録免許税の税率表●

| 登記の内容 | 課税標準 | 税率 | 一般住宅の軽減税率（注1） | 長期優良住宅等の軽減税率（注2） |
|---|---|---|---|---|
| 所有権の保存登記（建物の新築の場合） | 不動産の価額 | 0.4% | 0.15% | 0.1% |
| 所有権の移転登記<br>①不動産の売買による名義変更<br>　土地の売買<br>　建物の売買<br>②相続による名義変更<br>③贈与による名義変更 | 不動産の価額<br><br><br><br>不動産の価額<br>不動産の価額 | <br><br>2.0%（注1）1.5%<br>2.0%<br>0.4%<br>2.0% | <br><br><br>0.3% | <br><br><br>0.2%（注3）0.1% |
| 抵当権の設定登記（借入れの担保の場合） | 債権金額 | 0.4% | 0.1% | |

（注1）平成29年3月31日までの登記に適用
（注2）平成28年3月31日までの登記に適用
（注3）認定長期優良住宅（マンション）、認定低炭素住宅

「新築建物価格認定基準表」とは

# 新築建物の登録免許税は「価格表」をもとに計算する

## 🏢 固定資産税評価額に代わる基準

　新築建物の保存登記は通常、建物が完成したときに行ないます。しかし、新築建物の固定資産税評価額が市町村によって決定されるのは、完成した年の翌年なので、登記申請をする際には、固定資産税評価額はありません。

　このような場合に、「固定資産税評価額」に代わるものとして、法務局ごとに「新築建物価格の認定基準」というものが定められています（各

●新築建物価格認定基準表●

| 種類＼構造 | 木　造 | れんが造・コンクリートブロック造 |
|---|---|---|
| 居　　　　宅 | 86,000 | 64,000 |
| 共　同　住　宅 | 85,000 | 64,000 |
| 旅館・料亭・ホテル | 71,000 | 78,000 |
| 店舗・事務所・百貨店・銀行 | 71,000 | 73,000 |
| 劇　場　・　病　院 | 82,000 | 78,000 |
| 公　衆　浴　場 | 59,000 | ── |
| 工場・倉庫・市場 | 37,000 | 52,000 |
| 土　　　　蔵 | 90,000 | ── |
| 附　　属　　家 | 44,000 | 62,000 |

法務局のホームページから検索できます)。

　たとえば、東京法務局の「新築建物価格の認定基準」は下表のようになっています。新築建物の保存登記は、この価格をもとに計算するわけです。なお、「新築建物価格の認定基準」は、3年に一度改定されることになっています。

（参考）東京法務局　新築建物課税標準価格認定基準表
基準年度　：　平成26年度
（1平方メートル当たり単価・単位：円）

| 軽量鉄骨造 | 鉄　骨　造 | 鉄　筋コンクリート造 | 鉄　骨　鉄　筋コンクリート造 |
|---|---|---|---|
| 97,000 | 115,000 | 139,000 | 154,000 |
| 97,000 | 115,000 | 139,000 | 154,000 |
| 81,000 | 135,000 | 138,000 | 182,000 |
| 60,000 | 108,000 | 126,000 | 146,000 |
| 81,000 | 135,000 | 138,000 | 182,000 |
| ─── | ─── | ─── | ─── |
| 44,000 | 74,000 | 113,000 | 102,000 |
| ─── | ─── | ─── | ─── |
| 52,000 | 88,000 | 134,000 | 121,000 |

**不動産取得税のしくみと特例控除**

# 不動産取得税は忘れたころにやってくる

## 不動産取得税とはどんな税金か

「**不動産取得税**」とは、土地や建物を購入したり、新築したりしたときに課税される税金で、不動産の価格（固定資産税評価額）に対して4％（注：平成27年4月1日現在は軽減されています）の税率により課税されることになっています。

不動産取得税は、たとえタダで不動産を手に入れた場合でも課税されることとなっています。したがって、贈与で不動産をもらったり、等価交換のようにお金の支払いがともなわないで不動産を手に入れた場合にも課税されることになるわけです。

ただし、相続による取得の場合には不動産取得税は課税されません。

不動産を取得した場合には、その取得した人が不動産の所在する都道府県の県税事務所などにその事実を報告しなければならないことになっており、それによってその県税事務所が税額を計算して、その人に納税通知書を送ることになっています。

しかし現実には、不動産取得の報告をしなければならないことを知っている人は少なく、都道府県に報告をする人はほとんどいません。ただし、不動産を購入した場合は「所有権の移転登記」、建物を新築した場合は「所有権の保存登記」を行なうことによって、法務局で管轄している登記事項証明書（不動産の所有者名などが書いてあるもの）が変更されます。これによって都道府県は、誰がどのようにして不動産を取得したのかを把握し、納税通知書を送付してくるのです。

不動産取得税は、随時に課税する税なので、不動産の取得からいついつまでに税金を納めなければならない、という期限がありません。

つまり、都道府県の県税事務所等から納税通知書が送られてきたとき

に課税されるのだと考えておけばよいでしょう（納付期限は納税通知書に記載されています）。

## 不動産取得税の税額と税率

不動産取得税の税額は、次の算式によって求めます。
【不動産所得税の計算式】

> 不動産取得税の税額＝課税標準×税率
> 課税標準＝不動産の価額（固定資産税評価額）

不動産取得税の本来の税率は4％ですが、下記の期限までの取得については、種類ごとに軽減措置が設けられています。
【不動産取得税の税率の軽減措置】

|  | 平成30年3月31日までの取得 | 平成30年4月1日以降の取得 |
|---|---|---|
| 住宅 | 税率3％ | 税率4％ |
| 土地 | | |

宅地および市街化区域にある農地などの宅地比準土地については、平成30年3月31日までの取得について、固定資産税評価額の2分の1に税率をかける軽減措置がとられています。

## 新築住宅の場合の軽減措置

マイホームであれ、アパート等の賃貸住宅であれ、次の条件にあてはまる住宅を新築（建売りなどの建築後使用されたことのない住宅の取得を含みます）した場合は、その取得した建物の固定資産税評価額から1,200万円（平成28年3月31日までに取得した長期優良住宅については1,300万円）を控除して税率をかけることになっています。

したがって、その建物の固定資産税評価額が1,200万円（平成28年3月31日までに取得した長期優良住宅については1,300万円）以下であれば、不動産取得税はかからないことになります。新築建物の固定資産税評価額は一般的に総建築費の40％から50％ぐらいで決定されます。14〜15ページの登録免許税を計算する際の"新築建物価格認定基準表"を参考に

されるといいでしょう。

**【不動産取得税の1,200万円控除が受けられる新築住宅の要件】**

> 床面積50㎡（アパート等の戸建て以外の貸家住宅については貸室1室につき40㎡）以上240㎡以下であること

　上記のとおり、アパート・マンション等の共同住宅については、**貸室ごとに特例の対象となるかどうかを判定するので、1室ごとに1,200万円**（平成28年3月31日までに取得した長期優良住宅については1,300万円）**を控除する**ことができます。したがって、床面積40㎡（共用部分按分後の面積で、だいたい1DK）以上のファミリータイプのアパート・マンションは、まず不動産取得税が課税されることはありませんが、いわゆるワンルーム・マンションは特例の対象にはなりません。
　なお、店舗併用住宅の場合は、住宅部分のみが特例の対象となるので、店舗部分については床面積に関係なく特例控除は受けられません。
　また、たとえば、戸建住宅の床面積が250㎡の建物を親子で2分の1ずつ共有で取得した場合は、各人の共有持ち分に対する床面積は125㎡

**【不動産取得税の計算例】**

> 　1階を店舗（120㎡）で2階を自宅（120㎡）として使用するという店舗併用住宅を総建築費6,000万円で建設した場合の不動産取得税はいくらでしょうか。なお、1階店舗の固定資産税評価額、2階の自宅部分の固定資産税評価額ともに1,500万円とします。

|  | 面積 | 固定資産税評価額 | 特例控除 | 課税標準 |
|---|---|---|---|---|
| 1階店舗 | 120㎡ | 1,500万円 | なし | 1,500万円 |
| 2階自宅 | 120㎡ | 1,500万円 | 1,200万円 | 300万円 |

（≦240㎡）と計算できますが、全体の床面積が240㎡を超えているので、この場合も特例控除の対象にはなりません。

## 【不動産取得税の計算】

① 店舗1,500万円×4％＝60万円
② 住居（1,500万円－1,200万円）×3％＝9万円
③ ①＋②＝69万円

### 中古住宅の場合の軽減措置

中古住宅を取得した場合も、建物の固定資産税評価額から下表に掲げる築年数に応じて420万〜1,200万円の控除が受けられます。

ただし、中古住宅の場合には新築住宅と異なり、**自分の住まい（マイホーム）しか特例控除が受けられない**ので、アパート等の貸家住宅には適用されません。

## 【築年数に応じた特例控除額】

| 中古住宅の新築年月日 | 控除額 |
|---|---|
| 昭和57年1月1日〜昭和60年6月30日まで | 420万円 |
| 昭和60年7月1日〜平成元年3月31日まで | 450万円 |
| 平成元年4月1日〜平成9年3月31日まで | 1,000万円 |
| 平成9年4月1日以降 | 1,200万円 |

## 【控除が受けられる中古住宅】

|  | 木造、軽量鉄骨 | 非木造（左記以外） |
|---|---|---|
| 使用条件 | 自分の住まいであること ||
| 床面積要件 | 50㎡以上240㎡以下であること ||
| 築年数要件等<br>（右条件のいずれか） | 昭和57年1月1日以降に建築されたこと ||
|  | 新耐震基準に適合※（昭和56年以前新築） ||

※新耐震基準適合の場合の控除額

| 新耐震基準適合住宅の新築年月日 | 控除額 |
|---|---|
| 昭和51年1月1日〜昭和56年6月30日まで | 350万円 |
| 昭和56年7月1日〜昭和56年12月31日まで | 420万円 |

## 1-5 住宅敷地の不動産取得税も優遇される

不動産取得税の税額軽減の特例

### 🏢 住宅用土地の「税額軽減の特例」

　住宅の敷地についても、前述した特例控除が受けられる新築住宅（貸家を含む）、中古住宅（自分の住まいに限る）の敷地であれば、通常通りに計算したその敷地の税額から一定額を軽減する「税額軽減の特例」があります。

●住宅用土地の税額軽減の計算のしかた●

---

①通常の税額
　　住宅用土地の固定資産税評価額×1／2×3％
②税額軽減額
　　以下の(イ)および(ロ)のうちいずれか高いほうの金額
　(イ)　45,000円（1,500,000円×3％）
　(ロ)　1㎡当たりの土地の固定資産税評価額×1／2×住宅の床面積の2倍（注）×3％
　　（注）200㎡を超える場合は200㎡までとし、アパート等の共同住宅については、1室当たり200㎡までとする
③軽減後の税額
　　①－②

---

　上記の計算式はむずかしそうですが、**通常は60坪（200㎡）までの敷地であれば、土地の不動産取得税は税額軽減を使って0となり、課税されない**と考えてよいでしょう。

### 🏢 土地を取得して3年以内に住宅を建てれば税額軽減が受けられる

　住宅の敷地については税額軽減が受けられるわけですが、土地を購入

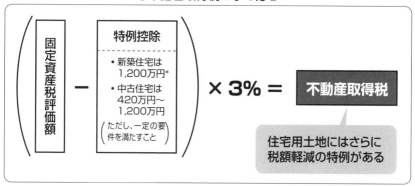

※平成28年3月31日までに取得した長期優良住宅については1,300万円

して住宅を建築する場合は、いつまでに建築すればよいかが問題となります。つまり、あまり長期間空き地のままで放置しておいては、税額軽減が受けられなくなるというわけです。

土地を購入して不動産取得税の住宅用土地の税額軽減を受けるためには、原則として土地取得から2年以内（平成28年3月31日までに取得した土地については**3年以内**）に、住宅を新築しなければなりませんので注意してください。

なお、父親の購入した土地に子供が2年以内に住宅を新築するケースがあります。この場合に、この土地につき不動産取得税の税額軽減の適用があるのかという疑問を持つ人がいるかと思いますが、この場合でも税額軽減の適用が受けられます。

### 特例を受けるためには申告が必要

住宅や住宅敷地について、特例控除や税額軽減などの軽減措置を受けるためには、原則として各都道府県の条例で定める期間（その不動産が存在する都道府県の県税事務所等に確認してください）に、住宅特別控除等の適用を受ける旨の申告をする必要があります。

しかし、通常は土地を購入したり、住宅を新築してから、数か月から1年ぐらいの間に、都道府県の県税事務所等から特例を受ける場合の案内が届きますので、その書類に従って面積要件を満たしていることを示す図面等、必要な書類を持って県税事務所等に行けば特例を受けることができます。

消費税のしくみ

# 消費税は建物の買主が負担する

## 🏢 建物を買うときに重くのしかかる消費税

　建物を請負契約で新築したり、不動産を購入したりするときに消費税が課税されます。不動産は高額ですから、消費税の負担は相当なものになるので、建築代金の予算には必ず盛り込んでおかなければなりません。

　不動産を購入する場合、**消費税が課税されるのは建物**だけであり、土地には課税されません。したがって、建売住宅を購入した場合には消費税が課税されているのは建物価格に対して8％（平成29年4月から10％の予定）のみであり、土地については課税されません。中古住宅を購入する場合も、消費税が課税されているのは建物だけです。

　なお消費税は、売主がその販売価額に消費税を上乗せして販売することにより、買主が負担するしくみとなっています。ですから、実際の納税は、売主である建築業者や建売業者が行なうことになります。

●消費税のイメージ●

建物　3,000万円
消費税　240万円(注)
土地　5,000万円

税務署 ← 消費税納税 ― 建売業者 ― 8,240万円で売却 → 買主
買主 → 8,240万円支払い → 建売業者

（注）税率8％で計算。平成29年4月から10％の予定

●消費税の額を知りたいときは●

```
マンションを4,000万円で購入
    ↓
土地分と建物分の価格はどうなっているか
    ↓
土地2,704万円　建物1,296万円であった
    ↓
消費税は建物にしか課税されない
建物分の価格108分の8（注）をかけた金額が消費税
1,296万円 × 8/108 = 96万円
```

（注）税率8％の場合。平成29年4月から110分の10

## 消費税はどんなときに課税される？

　いつでも、誰でも、建物を売買すると消費税が課税されるかというとそういうことではありません。
　まず、消費税は、
① 国内において行なうものであること
② 事業者が事業として行なうものであること
③ 対価を得て（有償で）行なうものであること
④ 資産の譲渡、資産の貸付、役務の提供であること
のすべての要件に該当する場合にはじめて課税されるのです。
　ですから、海外にある不動産を売買しても上記①の要件に該当しないため消費税は課されません。また、サラリーマンなどがマイホームを売却する場合は売主が事業者でないわけですから、上記②の要件に当てはまらず、この場合も消費税は課税されません。
　個人で自営業を行なう人が不動産を売却した場合は、この不動産が店舗として使用されている建物であれば、上記すべての要件に該当するので消費税が課税されることとなります。一方、その売却物件がマイホームであれば、いくら事業者が行なったものであっても、事業として売却したものではないので②の要件を満たさず消費税は課税されないのです。

課税事業者と税額の計算

# 消費税はどんな人が納める?

## 課税事業者が消費税を納める

不動産を売買する場合、消費税を負担するのは買主ですが、消費税の納税は売主である課税事業者が行ないます。

じつは、課税事業者でなければ、たとえ買主から消費税を受領しても消費税を納める必要はないのです。では、課税事業者とは一体どんな人が該当するのでしょうか。

消費税の納税義務は、原則として、その事業者の2年前の1年間（これを「**基準期間**」といいます）の課税売上高が1,000万円を超えるかどうかで判断します。つまり、基準期間の課税売上高が1,000万円を超えた事業者が「**課税事業者**」に該当し、消費税を納めなければなりません。

●課税事業者の判定●

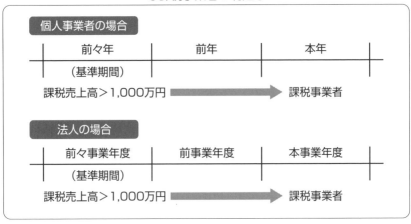

個人事業者の場合、開業年とその翌年は基準期間の課税売上高がありませんし、法人については開業年度と翌事業年度は基準期間そのものが存在しないので、原則として、課税事業者には該当せず、消費税を納め

る必要はありません。ただし、資本金が1,000万円以上の法人などの場合は、設立年度から課税事業者となります。

### 🏢 不動産の年間賃料収入が1,000万円を超えると課税事業者になる？

事業者がモノを販売したりサービスを提供した場合は、その代金に対して消費税がかかることは前項で述べたとおりです。そして、不動産を賃貸して家賃や地代といった賃料をもらった場合や賃貸用不動産を売却した場合は、現行の消費税法においては土地の譲渡は非課税、不動産賃貸の賃料については、次のように消費税が課税されるものと非課税となるものとに分かれます。

●不動産の賃貸料等に対する消費税の課税・非課税の概算区分●

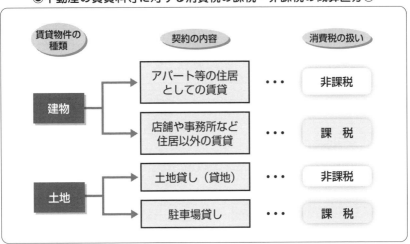

> 賃貸物件の売却についての消費税は、建物の売却は課税、土地の売却は非課税

不動産賃貸業を営んでいても、居住用のアパートしか所有してない個人事業者の場合は賃料収入が非課税ですから、消費税とは基本的には関係がありません。

一方、たとえば、平成25年の店舗収入や駐車場収入などの課税売上高が年間1,000万円を超えると、平成27年から消費税の課税事業者となり、平成27年の課税売上高について消費税を計算し納税することになります。

さらに、平成26年の課税売上高が1,000万円以下であったなら、平成28年は消費税を納める必要はないのです。

## 消費税の計算方法には「原則課税」と「簡易課税」がある

消費税額の計算方法には、「原則課税」と「簡易課税」の2通りあります。
- 原則課税——実際の金額で厳密に計算する方法
- 簡易課税——課税売上高をもとに簡易的に計算する方法

不動産賃貸業（店舗賃貸業）の場合で見ていきましょう。

### 【原則課税による計算】

「原則課税」では次のように計算します。

> 賃料収入にかかる消費税（課税売上にかかる消費税）
> －賃貸経費にかかる消費税（課税仕入にかかる消費税）＝納付する消費税

上記の算式からわかるように、納付する消費税は賃料収入にかかる消費税（8％）全部ではなく、その年の賃貸経費に含まれていた消費税を差し引いた金額を納めることになっています。

なお、消費税がかかっている主な経費（「課税仕入」といいます）は、水道光熱費、修理代、管理費、広告費、支払手数料、賃貸ビルの建築費などであり、逆に消費税がかかっていない主な経費（「非課税仕入」など）は、租税公課、減価償却費、借入金の支払利息、保険料などです。

賃貸ビルの建築といった大きな支出がない限りは、通常は賃貸経費にかかる消費税はわずかなものですから、賃料収入の8％まるまる全部に近い消費税を納めることになります。

### 【簡易課税による計算】

原則課税に対して、課税仕入にかかる消費税について実際の金額を使わないで計算する簡易課税制度という特例があり、この方式を選択すれば、不動産賃貸業の場合は賃料収入の50％（平成27年4月1日以後に開始する事業年度から40％）を、賃貸経費にかかる消費税として計算すれ

ばよいことになっています。

　一般的に、不動産賃貸業の場合、原則課税に比べて簡易課税で消費税の計算をしたほうが納付する消費税は少なくなって有利になります。なお、簡易課税の計算式は次のとおりです。

【簡易課税の計算式】

賃料収入にかかる消費税－賃料収入にかかる消費税×50％(注)
　　　　　　　　　　　　　　　　　　　　　　　＝納付する消費税

（注）平成27年4月1日以後に開始する事業年度（個人事業者の場合、平成28年）から40％

　ただし、有利だからといってだれでも簡易課税により消費税の計算ができるわけではありません。この制度による消費税の計算を希望するときは、納税者自らが原則として事前に「消費税簡易課税制度選択届出書」という届出書を所轄税務署長に提出する必要があるのです。そして、この届出書を提出した日の属する年の翌年から簡易課税により税額を計算することができます。

●簡易課税を適用するには届出書の提出が必要●

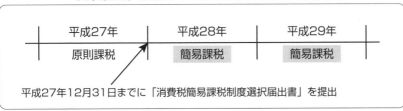

　なお、簡易課税を選択した場合には、2年間は原則課税に変更できないので注意が必要です。

　また、簡易課税は、中小事業者の事務負担を軽減するという趣旨で設けられたものなので、**基準期間の課税売上高が5,000万円以下の事業年度でなければ適用されません**。

## 1-8 還付手続きの流れ

# 消費税は還付されることがある

### 🏢 事業用の建物の購入の場合は消費税が還付される場合がある？

　原則課税では、「納付する消費税は、賃料収入（課税売上）にかかる消費税から賃貸経費（課税仕入）にかかる消費税を控除した金額だ」と説明しました。それでは、賃料収入（課税売上）より賃貸経費（課税仕入）のほうが多い場合にはどうなるのでしょうか？

　この場合は消費税が還付されます。

　「賃料収入より賃貸経費が多いのであれば大幅な赤字ではないか。そんなことがあるのだろうか」という疑問がわきますが、賃貸ビルを建築した年とか、建物に大規模な修繕を施したときなどは経費のほうが多くなります。したがって、新たに店舗などの非住居系の賃貸建物を建てて賃貸する場合などには、消費税が還付になる可能性があるのです。

　ただし、黙っていては消費税は還付されません。どのような手続きが必要なのかについて、次の事例で見ていきましょう。

---

**事例**

　佐藤さんは、その所有する150坪の土地を月極駐車場として賃貸しています。全部で30台の駐車スペースがあり、1台当たり月10,800円で賃貸しているので、毎月の賃貸収入は324,000円です。

　このたび、駐車場として貸していた土地にコンビニを建てて賃貸することにしました。コンビニへの賃貸料は、1か月648,000円の予定です。平成26年の年間賃料収入は月極駐車場の賃料収入のみで年間3,888,000円です（前年以前も同じです）。なお、毎年、年間課税売上高（駐車場収入のみ）が1,000万円以下のため、消費税の免税事業者です。

　コンビニの建築は平成27年4月に着工し完成は7月末です。建

築費は6,480万円（消費税込み）です。消費税の還付を受けたいと考えていますが、どのような手続きをすればいくら還付されるのでしょうか？

①コンビニが完成した平成27年の課税売上高および課税仕入（消費税込み）

〈課税売上高〉

駐車場賃料（3か月分）　　　　　972,000円
コンビニからの賃料（5か月分）　3,240,000円
　　　　　課税売上高合計　　　4,212,000円

〈課税仕入〉

コンビニ建物建築費　　　　　64,800,000円
手数料等のその他課税仕入　　　　540,000円
　　　　　課税仕入合計　　　65,340,000円

②平成28年以降の課税売上高の状況（消費税込み）

〈課税売上高〉

コンビニからの賃料(12か月分)648,000円×12か月分＝7,776,000円

(注) 平成29年4月から消費税率は10％の予定

## 事例の還付手続きの手順はこうなっている

(1) 平成26年末までに「消費税課税事業者選択届出書」を提出する

　佐藤さんは課税売上高が1,000万円以下のため免税事業者ですから、消費税の申告および納税義務はありません。このような場合、自ら消費税の課税事業者になりたいと申し出ることによって、消費税の課税事業者になることができます。

　ただし、消費税の課税事業者になるためには、課税事業者になろうとする年の前年12月31日までに「課税事業者選択届出書」を提出しなければならないため、一般的には建物が完成する年の前年末日までに提出する必要があります。

(2) 平成27年分の消費税の還付金額を求める

①課税売上高にかかる消費税額　　4,212,000円×8／108＝312,000円
②課税仕入にかかる消費税額　　65,340,000円×8／108＝4,840,000円
③納付すべき消費税額　　①－②＝▲4,528,000円

### (3) 還付を受けた年の翌年と翌々年は消費税を納めなければならない

　本来、基準期間の課税売上高が1,000万円以下の場合、消費税は免税事業者であるのに、佐藤さんの場合は消費税の還付を受けるために、あえて消費税の課税事業者になりました。

　この場合、たとえ基準期間の課税売上高が1,000万円以下であっても自分で課税事業者となったわけですから、「課税事業者選択不適用届出書」を提出しなければ、ずっと課税事業者として翌年からは消費税を納税しなければなりません。課税事業者を選択して建物などを取得した場合には、その取得の日を含む3年間は免税事業者には戻れないことになっているので、平成28年と平成29年は消費税を納めなければなりません。

### (4) 平成29年末までに「消費税課税事業者選択不適用届出書」を提出する

　しかし、佐藤さんの場合、平成28年以後も課税売上高は1,000万円以下ですから、4年目の平成30年からは免税事業者に戻ることができます。そこで、「課税事業者選択不適用届出書」を平成29年末までに提出し、平成30年から免税事業者に戻るわけです。そうすると、平成30年からは消費税を納める必要はなくなります。

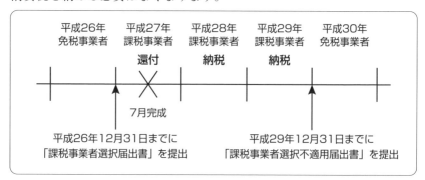

　なお、このような手続きで消費税の還付が受けられるのは、店舗や事務所などの非居住系の建物を建築した場合です。アパートやマンションなどの住居として賃貸するものは、もともと住宅家賃が非課税のため、消費税が還付されるのは稀です。また、このようなケースでは3年間は課税事業者になるわけですから、還付される金額のみならず、その後の納付しなければならない金額をも含めて、総合的に有利・不利の判断をする必要があります。

## ●「消費税課税事業者選択届出書」の記載例●

**第1号様式**

# 消費税課税事業者選択届出書

収受印

平成 年 月 日

届出者

| | | |
|---|---|---|
| 納税地 | （フリガナ） | タチカワシシバサキチョウ |
| | | （〒 190-0023 ）立川市柴崎町×××<br>（電話番号　042 −×××−××××） |
| 住所又は居所<br>(法人の場合)<br>本店又は主たる事務所の所在地 | （フリガナ） | |
| | | （〒　−　）<br>（電話番号　−　−　） |
| 名称（屋号） | （フリガナ） | |
| 氏名<br>(法人の場合)<br>代表者氏名 | （フリガナ） | サトウ　エイイチ |
| | | 佐藤　英一　㊞ |
| 代表者住所<br>(法人の場合) | （フリガナ） | |
| | | （電話番号　−　−　） |

<u>立川</u>税務署長殿

下記のとおり、納税義務の免除の規定の適用を受けないことについて、消費税法第9条第4項の規定により届出します。

| 適用開始課税期間 | 自 平成 27 年 1 月 1 日 | 至 平成 27 年 12 月 31 日 |
|---|---|---|
| 上記期間の基準期間 | 自 平成 25 年 1 月 1 日 | 左記期間の総売上高　3,888,000 円 |
| | 至 平成 25 年 12 月 31 日 | 左記期間の課税売上高　3,888,000 円 |

| 事業内容等 | 生年月日(個人)又は設立年月日(法人) | 1明治・2大正・3昭和・4平成<br>年　月　日 | 法人のみ記載 | 事業年度 | 自 月 日 至 月 日 |
|---|---|---|---|---|---|
| | | | | 資本金 | 円 |
| | 事業内容 | 不動産賃貸業 | 届出区分 | 事業開始・設立・相続・合併・分割・特別会計・その他 | |

| 参考事項 | | 税理士署名押印 | （電話番号　−　−　）　印 |
|---|---|---|---|

※税務署処理欄

| 整理番号 | | 部門番号 | | | | |
|---|---|---|---|---|---|---|
| 届出年月日 | 年 月 日 | 入力処理 | 年 月 日 | 台帳整理 | 年 月 日 |
| 通信日付印 | 年 月 日 | 確認印 | | | |

注意：「基準期間」は2年前の期間です。

建物が完成する年度を記入します。

第1章●不動産を買うときにかかる税金

## ●「消費税課税事業者選択不適用届出書」の記載例●

第2号様式

# 消費税課税事業者選択不適用届出書

収受印

| 平成　年　月　日 | 届出者 | （フリガナ） | タチカワシシバサキチョウ |
| --- | --- | --- | --- |
| | | 納税地 | （〒 190－0023 ）<br>立川市柴崎町×××<br>（電話番号　042－×××－××××） |
| | | （フリガナ） | サトウ　エイイチ |
| 立川 税務署長殿 | | 氏名又は名称及び代表者氏名 | 佐藤　英一　㊞ |

下記のとおり、課税事業者を選択することをやめたいので、消費税法第9条第5項の規定により届出します。

| ① | この届出の適用開始課税期間 | 自 平成 30 年 1 月 1 日　　至 平成 30 年 12 月 31 日 |
| --- | --- | --- |
| ② | ①の基準期間 | 自 平成 28 年 1 月 1 日　　至 平成 28 年 12 月 31 日 |
| ③ | ②の課税売上高 | 7,200,000 円 |

※ この届出書を提出した場合であっても、特定期間（原則として、①の課税期間の前年の1月1日（法人の場合は前事業年度開始の日）から6か月間）の課税売上高が1千万円を超える場合には、①の課税期間の納税義務は免除されないこととなります。詳しくは、裏面をご覧ください。

| 課税事業者となった日 | 平成　27　年　1　月　1　日 | |
| --- | --- | --- |
| 事業を廃止した場合の廃止した日 | 平成　年　月　日 | |
| 提出要件の確認 | 課税事業者となった日から2年を経過する日までの間に開始した各課税期間中に調整対象固定資産の課税仕入れ等を行っていない。<br>※ この届出書を提出した課税期間が、課税事業者となった日から2年を経過する日までに開始した各課税期間である場合、この届出書提出後、届出を行った課税期間中に調整対象固定資産の課税仕入れ等を行うと、原則としてこの届出書の提出はなかったものとみなされます。詳しくは、裏面をご確認ください。 | はい □ |
| 参　考　事　項 | | |
| 税理士署名押印 | （電話番号　　　－　　　－　　　） | 印 |

| ※税務署処理欄 | 整理番号 | | | 部門番号 | | | |
| --- | --- | --- | --- | --- | --- | --- | --- |
| | 届出年月日 | 年 | 月 | 日 | 入力処理 | 年　月　日 | |
| | 通信日付印 | 年 | 月 | 日 | 確認印 | | |

注意　1．裏面の記載要領等に留意の上、記載してください。
　　　2．※印欄は、記載しないでください。

> 平成28年の消費税の申告書に記載した課税売上高（税抜金額：$7,776,000 \times \dfrac{100}{108}$）を記入します。

## 1-9 固定資産税のしくみ

# 固定資産税は毎年かかる

### 固定資産税とは

　固定資産税とは、土地または建物に対して、毎年1月1日現在において、その所有者として固定資産課税台帳に登録されている者に市町村（東京都23区は都）が課税する税金です。

　土地や建物を所有していると、固定資産税は毎年課税されます。マイホームを購入した場合には、その購入した年の1月1日においてはまだ取得していないわけですから、取得した翌年から課税されることになります。

　なお、固定資産税は、市町村から送られてくる納付書により年4回（原則として、4月、7月、12月、翌年2月）に分けて納付します。

　マイホームを買ったときに、売買代金とは別に売主に固定資産税の日割精算金を支払った人がいるかと思いますが、これは慣習でよく行なわれることであり、厳密に言えば、固定資産税ではなく売買代金の一部なのです。

### 固定資産税の税額はどうやって求める？

　固定資産税の税額は、次の算式によって計算されます。
　固定資産税＝課税標準×税率　（課税標準＝「固定資産税評価額」）

　上記の税率は標準税率1.4％（制限税率2.1％）と定められ、実際は各市町村で決めることになっていますが、現在、ほとんどの市町村が1.4％を適用しています。また、固定資産税評価額は、国が定める「固定資産税評価基準」により市町村（東京都23区は都税事務所）が決定します。この評価額は3年ごとに評価替えが行なわれ、平成27年度が評価替えの年度になっています。

## 🏠 住宅用地については課税標準の特例がある

　住宅用地にかかる固定資産税については、敷地面積に応じて、下記のとおり課税標準に特例が設けられています。
① 　敷地面積のうち200㎡までの面積――1／6
② 　敷地面積のうち200㎡を超える部分――1／3（住宅の床面積の10倍を限度）
　※共同住宅の場合は、敷地面積を住宅の戸数で割った面積で判断する。

## 🏠 新築住宅・新築マンションの税額軽減

　新築住宅・新築マンションで下記要件に該当するものについては、120㎡（共同住宅にあっては各独立部分ごとに120㎡）までの部分につき、一定期間、家屋にかかる固定資産税が2分の1に減額されます。
① 　面積の2分の1以上が居住用であること。
② 　面積が50㎡（共同住宅は各独立部分の床面積が40㎡）以上280㎡以下であること。

〈減額期間〉　①　中高層耐火建築物（3階以上）――5年間
　　　　　　②　①以外　　　　　　　　　　　　――3年間

## 🏠 市街化区域内では都市計画税もかかる

　都市計画区域内の市街化区域内に所在する土地・家屋については、固定資産税とは別に都市計画税（税率0.3％）が課税されます。納付は、固定資産税と一緒に納めることになります。
　なお、都市計画税においても、住宅用地については固定資産税と同様に課税標準の特例が設けられています。特例の内容は次のとおりです。
① 　敷地面積のうち200㎡までの面積――固定資産税評価額の1／3
② 　敷地面積のうち200㎡を超える部分――固定資産税評価額の2／3

# 第 2 章

## マイホームの購入には税金の優遇特例がいっぱい！

住宅ローン控除のしくみ

# 知らないと損する住宅ローン控除

## 住宅ローン控除とはどんな制度か（1）

「住宅ローン控除制度」（住宅借入金等特別控除）とは、住宅ローンを組んでマイホームを購入した場合に、その購入をした日以後の年末に有する借入金残高に応じて、10年間にわたり、毎年その人の所得税額から一定の税額を控除するという制度です。マイホームに住みはじめた年度によって計算式が変わるので、控除される金額が変わってきます。

たとえば、平成24年に一般住宅に居住開始した人の場合、住宅ローン控除により税金が安くなる金額は、住宅借入金年末残高3,000万円までの範囲で「**住宅借入金の年末残高×1％**」で計算し、年間最大30万円、控除期間10年間の合計で最大300万円になります。

また、下表のとおり平成26年4月以降、控除額が拡充されていますが、これは、消費税が平成26年4月より8％、平成29年4月より10％に引き上げられるのに伴った消費税の負担増の軽減として図られた措置です。

なお、住宅ローン控除は下表で計算した金額が所得税から控除できるのですが、これは、あくまでも支払っている所得税を限度とします（住宅ローン控除前の算出税額より控除額が多くなっても、還付されることはありません）。

●一般住宅の住宅ローン控除額●

| 居住開始年月 | 対象となる住宅借入金の年末残高 | 控除率 | 各年の控除限度額 | 最大控除額（10年間） |
|---|---|---|---|---|
| 平成24年 | 3,000万円以下の部分 | 1％ | 30万円 | 300万円 |
| 平成25年1月～26年3月 | 2,000万円以下の部分 | 1％ | 20万円 | 200万円 |
| 平成26年4月～31年6月（注） | 4,000万円以下の部分 | 1％ | 40万円 | 400万円 |

（注）平成26年4月から平成31年6月までの欄の金額は消費税8％または10％が適用された場合に適用されます。それ以外の場合は、平成25年1月～26年3月までの欄が適用されます。

## 🏠 増改築の場合でも住宅ローン控除が受けられる（2）

　自分の住んでいる家屋または増改築後6か月以内に居住する家屋（**自分の所有する家屋に限ります**）に対して、住宅ローンにより、100万円を超える工事費用をかけて増改築等をしたときは、その増改築部分につき、上記(1)の場合と同様に住宅ローン控除を受けることができます。

　ただし、店舗併用住宅などの場合、増改築費用の2分の1以上が居住用部分の工事費用でなければ住宅ローン控除の適用はありません（工事見積書等により明確に区分しておいたほうがよいでしょう）。

　また、たとえば、夫が妻の所有する家屋に増改築を行なう場合や、子供が親と同居するために親の所有する家屋に増改築を行なうことがありますが、自分の所有している家屋の増改築にはなりませんので、借入れをして増改築を行なったとしても、住宅ローン控除を受けることができないので注意が必要です（このような増改築の場合、贈与の問題（54ページ参照）が起こることがあります）。

## 🏠 100万円未満の増改築でも住宅ローン控除が受けられることがある(3)

　マイホームの省エネ工事、または50歳以上の人や介護認定を受けている人などが行なうバリアフリー工事（**特定増改築等**）で、増改築費用が50万円超（補助金等の交付がある場合は控除後の金額）のものを、返済期間が5年以上の住宅ローンで行なったときは、住宅借入金年末残高1,000万円を限度として、5年間にわたり所得税額から一定額を控除できます（上記(2)の適用がある場合は、有利選択となります）。なお、控除される金額は、控除期間5年間で最大で62万5,000円です。

●特定増改築等での住宅ローン控除額●

| 居住開始年月 | ① 特定増改築等(A)の年末借入金残高<br>② (A)以外の増改築等の年末借入金残高 | 控除率 | 各年の控除限度額 | 最大控除額（5年間） |
|---|---|---|---|---|
| 平成26年4月～31年6月 | ① 250万円を限度 | 2% | 5万円 | 62.5万円 |
| | ② 750万円を限度 | 1% | 7.5万円 | |

第2章 ● マイホームの購入には税金の優遇特例がいっぱい！

## 🏠 認定住宅の住宅借入金等特別控除(住宅ローン控除)の特例(4)

　建築請負契約により、住宅を新築または新築の建売住宅を取得した場合で、これらの住宅が認定長期優良住宅または認定低炭素住宅に該当する場合には、一般住宅より住宅ローン控除額が大きくなります（下表）。

　なお、**認定長期優良住宅**とは、「長期優良住宅の普及の促進に関する法律」に規定する優良住宅として認定を受けたもの（いわゆる、「**200年住宅**」）、**認定低炭素住宅**とは、「都市の低炭素化の促進に関する法律」により低炭素住宅として認定を受けたものをいいます。

●認定長期優良住宅・認定低炭素住宅の住宅ローン控除額●

| 居住開始年月 | 対象となる住宅借入金の年末残高 | 控除率 | 各年の控除限度額 | 最大控除額（10年間） |
|---|---|---|---|---|
| 平成24年 | 4,000万円以下の部分 | 1% | 40万円 | 400万円 |
| 平成25年1月～26年3月 | 3,000万円以下の部分 | | 30万円 | 300万円 |
| 平成26年4月～31年6月(注) | 5,000万円以下の部分 | | 50万円 | 500万円 |

(注) 平成26年4月から平成31年6月までの欄の金額は消費税率8％または10％が適用された場合に適用されます。それ以外の場合は、平成25年1月～26年3月までの欄が適用されます。

## 🏠 住宅ローン控除の適用要件(5)

　住宅ローン控除を受けるためには、一定の条件を満たしていなければなりません。その適用要件の概要は、次項で説明します（一定の増改築についても同じです）。

住宅ローン控除の適用要件の注意点①

# 住宅ローン控除を受ける場合の床面積や取得代金のポイント

## 適用要件の床面積の判定で注意すべきこと

住宅ローン控除の対象となる家屋の床面積は「50㎡以上」とされていますが、マンションの売り出しチラシなどに「壁芯○○.○○㎡」といった表現がされていることがあります。しかし、床面積基準の対象となるのは「登記簿(登記事項証明書)上の面積」となりますのでご注意ください。

●住宅ローン控除の適用要件●

| 住宅ローン控除を受けられる人 | ・住宅ローンを組んで自宅(その敷地を含む)を取得し、取得後6か月以内に居住の用に供し、その後引き続いて、その年末まで居住している人 |
|---|---|
| | ・その年の合計所得金額が3,000万円以下である人 |
| 住宅ローン控除の対象となる家屋 | ・床面積が50㎡以上であること |
| | ・床面積の2分の1以上がもっぱら自己の居住用であること |
| | ・中古住宅の場合は次の要件を満たしていること<br>　イ　耐火建築物の場合は築後25年以内の家屋であること<br>　ロ　耐火建築物以外の場合は築後20年以内の家屋であること<br>　ハ　イまたはロに該当しない場合でも、一定の耐震基準を満たす家屋であること |
| | ・生計を一にする一定の親族から購入したものでないこと |
| 住宅ローン控除の対象となる借入金 | ・住宅(その敷地を含む)に対応する借入金で、返済期間が10年以上のもの |
| | ・勤務先からの借入金の場合は年利1%以上のものであること |
| 申告 | 取得をした年の所得税につき、確定申告が必要 |
| その他 | ・居住用の3,000万円の特別控除や買換え特例との併用はできない |

第2章●マイホームの購入には税金の優遇特例がいっぱい!

### 🏠 店舗兼住宅や共有の場合は全体の床面積で判定する

　商売をされている方が1階を店舗、2階を自宅といった形式で家屋を建築することがよくありますが、このようなケースでは、**店舗部分と自宅部分を合わせた全体で床面積が50㎡以上かどうかで**住宅ローン控除の適否を判定します。

　したがって、自宅部分が45㎡、店舗部分が40㎡といった場合は、両方合わせると85㎡ですから、たとえ自宅部分が50㎡に満たなくとも、全体では床面積50㎡以上に該当するので住宅ローン控除が受けられます（あくまでも控除が受けられるのは住宅部分に対応する借入金のみですので、床面積による按分計算は必要となります）。

　なお、このような場合でも、**全体の床面積の2分の1以上が自宅でなければローン控除は受けられない**のでご注意ください。ただし、自宅利用部分が全体の床面積の2分の1未満の場合も、やり方によってはローン控除が受けられます。50ページの「住宅部分が2分の1未満の場合は区分登記を検討しよう」を参考にしてください。

　また、夫婦や親子の**共有で家屋を取得する場合**の床面積の判定も共有持分に対応する面積ではなく、あくまでその家屋全体の床面積で判定します。

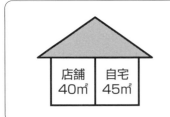

床面積　40㎡+45㎡=85㎡≧50㎡
居住用部分　45㎡／85㎡≧1／2

∴　住宅ローン控除適用あり

### 🏠 家屋の取得代金の範囲はどこまでか

　住宅ローン控除は、住宅借入金の金額をもとにして計算することになっています。ですから、たとえば家屋を新築して、家屋の新築価額より借入金のほうが多い場合には、家屋の取得金額が限度となります。

　「家屋の取得代金以上の住宅ローンなんてそもそも組めないのではないか？」という疑問が生じますが、それではどこまでが家屋の取得代金

に含まれるのでしょう？

　家屋を新築する場合は家屋本体のほかに門や、塀、車庫、庭といった構築物を作ったり、電気器具や、家具セットなどの器具・備品類を取りそろえたりするのが一般的です。原則としては、このような構築物等は家屋の取得代金の中に含まれないことになっています。

　ただし、これらの構築物等が家屋と併せて同一の者から取得しており、その金額が僅少（構築物等の金額が全体のおおむね10％に満たないようなとき、といわれています）の場合は、家屋の取得代金の中に含めてよいこととなっています。

　つまり、門や塀、庭などを含めて建築業者に発注し、家具なども作りつけとなっているものは家屋と一体と考えることができるわけです。

　しかし、その反対に家屋は家屋でAという建築業者に発注し、門や塀、車庫、庭などは別のBという業者に発注し、家具やインテリアは自分の気に入ったものを買いそろえる、といった場合は、住宅ローン控除の対象となる家屋の取得代金は家屋の建築業者Aへの支払分だけとなります。

　このようなケースで、すべての代金を借り入れたとすると、借入れの金額のほうが住宅ローン控除で規定している家屋の取得代金よりも多くなってしまうので、家屋の取得代金が住宅ローン控除の対象となる限度額となるわけです。

　また、住宅取得等資金の贈与の特例（60ページを参照）を受けて家屋を取得した場合、その贈与を受けた金銭は優先的に家屋の取得代金に充てることになります。したがって、この場合の住宅借入金年末残高と比べる家屋の取得代金の金額は、贈与を受けた金銭の額を差し引いた金額になります。

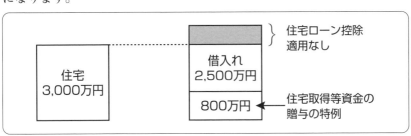

住宅ローン控除の適用要件の注意点②

# 不動産の名義や土地の先行取得と住宅ローン控除

## 🏠 土地にしか名義がない場合は住宅ローン控除は受けられない

　もともと住宅ローン控除は名前のとおり住宅部分のみが対象でした。しかし平成11年より、住宅の敷地の借入れについてもローン控除の対象に加えられて現在に至っています。

　住宅ローン控除の中心はあくまで住宅であり、敷地はおまけのようなものですから、やり方を間違えると、敷地についての借入れが住宅ローン控除の対象にならずに後悔するということが生じます。次の事例を見てください。

> **事 例**
> 
> 　夫婦で次のとおり、土地を購入して建物（自宅）を建てた場合の住宅ローン控除の適用はどうなりますか？
> - 土地の購入代金　　　　　　5,000万円（名義は夫の単独名義）
> - 土地の購入にかかる借入金　3,000万円（夫単独の借入金）
> - 建物の建築代金　　　　　　2,500万円（名義は妻の単独名義）
> - 建物の建築にかかる借入金　1,000万円（妻単独の借入金）
> 
>

【事例の場合の考え方】

　住宅ローン控除の対象はあくまで家屋であり、住宅ローン控除の対象となる借入金の範囲の中に「家屋の新築または購入とともにする敷地の購入に充てる場合の借入金も含む」という表現のしかたで、土地につい

ての借入金も住宅ローン控除の対象となるように税法で規定されています。

この事例の場合、夫には建物の名義がないので、夫は、家屋を伴わない土地のみの購入となってしまいます。そこで、土地についての借入金は住宅ローン控除の対象にならないことになります。

一方、妻は家屋を取得していますので、借入れの期間が10年以上である等の要件を満たしていれば、妻の借入金についてのみ、住宅ローン控除の適用が受けられることになります。

なお、この事例の場合、家屋に夫の名義が共有持分で多少でもあれば、話はまったく違っていました。家屋に夫の名義があって住宅ローン控除の他の要件（返済期間10年以上など）を満たしていれば、夫の借入金も住宅ローン控除の対象とできるのです。夫婦や親子で住宅を購入する場合は、名義をどうするのがよいのか慎重に検討することも必要です。

### 土地の先行取得の場合

「住宅ローン控除は、あくまで家屋が中心で土地はおまけのようなものだ」と申し上げました。つまり、分譲マンションの購入や建売分譲住宅、中古物件などを購入する場合は、土地と建物の取得が同時ですから、土地についての借入金も住宅ローン控除の対象になります

それでは、土地を先に取得してから、しばらくして家屋を建築するような場合はどうなるのでしょうか？

税法では、「家屋の新築の日前２年以内にその家屋の敷地を購入した場合」には、住宅ローン控除を適用できるとされています。つまり、**土地を購入してから２年以内に建物を建てた場合のその敷地に対する借入金**は、住宅ローン控除の対象となるわけです。

土地の取得から２年以内に建物を建てるということは、２年以内に建物が完成・引渡しされていなければならないということですから、建物の完成時期には注意してください。

土地を先行取得する場合、土地代金は借入れをして、建物代金は自己

資金で建築するといったケースがありますが、このような場合は、完成した建物にもその土地の借入金を担保するための抵当権が設定されていれば、土地のみについての借入金であっても、「家屋の新築または購入とともにする敷地の購入に充てる場合の借入金」に該当するものとされ、住宅ローン控除を適用することができます。

通常、土地だけに担保を設定して、建物は担保に入れないという融資のしかたはあまりないと思いますが、先行取得する土地だけを借入金で取得する場合は、融資を受ける金融機関に確認しておいたほうがよいでしょう。

### 借地権の購入・底地の購入でも控除できる

下図のように、中古住宅を購入する場合などにその敷地が普通借地権として売り出されているケースがあります。

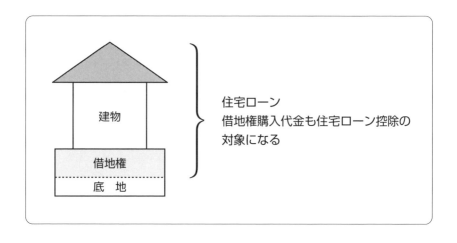

このような場合、この借地権の購入は「家屋の新築または購入とともにする敷地の購入」に該当するのか、と疑問を持たれる方もいらっしゃるでしょう。

この場合の敷地には土地のほか借地権も含むので、借地権購入の対価として支払った権利金は、土地と同様に取り扱われます。

また、祖父の代より、地主さんから土地を賃借している借地権者が、借入金により地主から底地を購入し、そのタイミングで建物を改築する

ケースがあります。このような場合、借地権は以前より借地権者が所有しているわけですが、土地を所有しているわけではありません。底地の購入といえども、土地の購入には変わりないので、底地を購入してから2年以内に建物を建てた場合には、その底地に対する借入金も含めて住宅ローン控除の対象となります。

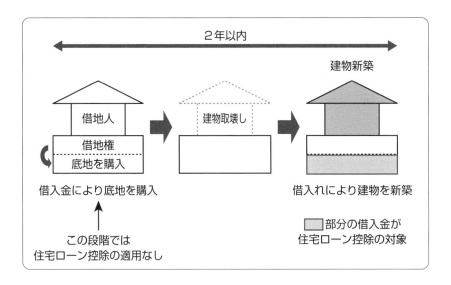

住宅ローン控除の適用要件の注意点③

# 繰り上げ返済や、借り換えをすると住宅ローン控除はどうなる？

　住宅ローン控除は、現在、一定のローンを組んでマイホームを取得すれば10年にわたり所得税を控除する、という長期間にわたって恩恵が受けられる制度です。

　このように適用期間が長いため、途中で**繰り上げ返済**をしたり、**借り換え**をするといったこともあるでしょう。このような場合に、住宅ローン控除がどうなるかをみておきましょう

### 🏠 繰り上げ返済をする場合のローン控除

　住宅ローン控除の対象となる住宅借入金は、返済期間が10年以上の住宅ローンとされています。

　返済期間は、最初に返済するときから返済が終了するまでの期間をさします。たとえば、15年の住宅ローンを組んで6年が経過した場合は、残りの返済期間は9年ですが、ここでいう返済期間は**実際に返済する期間**のことをいっているので、たとえ残りの返済期間が10年を切っても問題はありません。

　では、15年の住宅ローンを組んで、3年間返済したところで一部、繰り上げ返済をし、残りの返済期間を6年としたらどうなるのでしょうか？

　この場合は返済期間の合計が9年となり10年に満たないので、繰り上げ返済後の住宅ローン控除はできないということになります。

　税法の規定では「当初の契約により定められていた最初に返還した月から、その短くなった償還期間の最終月までの期間が10年以上であれば、繰り上げ返済後も住宅ローン控除を受けることができる」とされていますが、返済期間の合計が10年未満となった場合は、以後の住宅ローン控除は適用できないとされているわけです。

　なお、繰り上げ返済には次ページ図のように"返済期間を短縮"する

ケースと、"返済期間は据え置いて返済金額を圧縮"するケースとがありますが、返済金額を圧縮するケースならば、繰り上げ返済をしても住宅ローン控除には影響ありません。

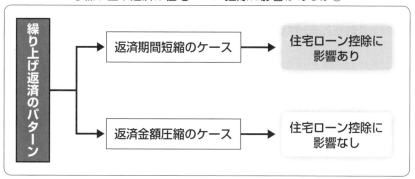

●繰り上げ返済は住宅ローン控除に影響があるか●

## 借り換えをする場合の住宅ローン控除

「現在、A銀行で住宅ローンを組んでいるけれども、いろいろな条件を考えた結果、B銀行で借り換えようと思っています。この場合に借り換えた後でも住宅ローン控除は受けられますか?」という質問を受けることがあります。

また、「父親からお金を借りて住宅を購入したけれど、親子間のお金の貸し借りは税務署から贈与と疑われるというし、この際、C銀行から借入れをして、父親からの借入金を返済してしまおうと思っています。この場合、C銀行からの借入金は住宅ローン控除の対象になりますか?」と質問される人もいます。

このような場合には、借り換えた借入金は住宅ローン控除の対象になるのでしょうか?

答えは、どちらも住宅ローン控除の対象にすることができます。

税法の規定では、「新たな借入金が当初の借入金を消滅させるためのものであることが明らかであり、かつ、その新たな借入金を家屋の新築または購入(一定の敷地の購入を含む)のための資金に充てるとしたならば、住宅ローン控除の適用要件を満たしている場合には、その新たな借入金は住宅ローン控除の対象になる」とされているのです。

共有持分と住宅ローン控除

# 夫婦で住宅ローンを組む場合はここに注意する

## 🏠 共有名義にする場合の持分の分け方

　共稼ぎの夫婦がマイホームを購入する場合に、「夫婦で5,000万円のマンションを購入する予定ですが、マンションの名義はどのようにすればいいでしょうか？　頭金は私（夫）が500万円、妻が500万円の合わせて1,000万円を用意する予定です。また足りない分の4,000万円は銀行から融資を受けることになっています」といった質問を受けることがあります。

　このような場合の名義をどうしたらよいかというと、「**提供した資金に応じた名義にする**」というのが正解です。

　夫が提供した資金が3,000万円で、妻が提供した資金が2,000万円なのに、2分の1ずつの共有名義にした場合は、夫から妻へ500万円の贈与があったものとされて贈与税が課税されてしまいます。

　このように説明すると、「趣旨はわかりますが、4,000万円の借入れについては、銀行から私と妻の連帯債務にしてほしいといわれています。連帯債務の場合には、それぞれがいくらずつ借入れをしたことになるのですか？」というように質問されます。

　「**連帯債務**」とは、一言でいえば「共同で借入れをしている」ということであり、銀行（債権者）に対しては各債務者（夫婦それぞれ）が、その借入れ金額の全額について返済義務を負うこととされています。そして、それぞれの負担（返済）割合をどうするかは、夫婦間で決めることとされているのです。

　したがって、質問のケースのように、マンションの借入金が夫婦の連帯債務であるという場合には、まず夫婦間で返済割合をどうするかということを決めなければなりません。

## 連帯債務の場合の持分割合

通常、返済割合は**夫婦の収入の割合**を考慮して決めます。たとえば、夫婦ともに公務員で収入が同じような場合は、返済割合も同額とし、連帯債務の負担割合も5対5というように取り決めます。この場合には、マンションの名義は夫2分の1、妻2分の1とすることになります。

また、連帯債務は夫婦それぞれが借入れしていることと同じですから、夫の住宅ローン控除の対象となる借入金は4,000万円×50％＝2,000万円であり、妻の住宅ローン控除の対象となる借入金も4,000万円×50％＝2,000万円となります。

なお、たとえば今回の質問のケースで、「頭金の1,000万円は夫が提供したものであり、借入れも夫がすべて返済していくことにしているが、夫婦共働きであることから銀行の要請で、借入れの形態が夫婦での連帯債務になってしまった」というような場合があります。

このような場合は、資金の提供者は夫だけであるため、マンションの名義もすべて夫にしなければなりません。そして、たとえ連帯債務となっていても、夫婦間の負担割合は夫100に対して妻0と考えて、借入金の総額である4,000万円がマンション購入に伴う夫の住宅借入金となります。

## 「連帯債務」と「連帯保証」は違う

連帯債務とまぎらわしいものに「**連帯保証**」があります。連帯債務が夫婦共同の借入れであるのに対して、連帯保証はあくまで「単独の借入れ」であり、たとえば夫の借入れに対して妻が連帯保証人となった場合は、夫がとどこおりなく返済している限りでは妻に返済義務が生じることはありません。万が一、夫が破産するなどして返済できなくなった場合に、連帯保証人である妻に対して銀行が返済をせまるというようなものと考えればいいでしょう。

したがって、妻が連帯保証人であるような場合は、借入金はすべて夫の借入れですから、購入するマイホームの資金提供者はすべて夫ということになります。このような場合に夫婦の共有名義にすると、夫から妻への贈与とされますのでご注意ください。

## 2-6 店舗併用住宅と住宅ローン控除

# 住宅部分が2分の1未満の場合は区分登記を検討しよう

　住宅ローン控除の対象となる住宅は、「床面積の2分の1以上がもっぱら自己の居住用であること」とされています。
　では、自宅兼アパートといった、店舗（アパート）併用住宅を建てた場合の住宅ローン控除はどうなるのでしょうか？
　自己の居住用部分の床面積が2分の1以上の場合の住宅借入金の計算と、自己の居住用部分の床面積が2分の1未満の場合で住宅ローン控除をうまく受けられるようにしたケースでの住宅借入金の計算をみてみましょう。

### 【例1】2分の1以上が自宅の場合

　甲さんは5,000万円で2階建てのアパート併用住宅を建てました。この建物の床面積は1階が140㎡で2階が100㎡の合計240㎡であり、1階は甲さん家族の自宅として使用し、2階は3室のアパートとして賃貸します。
　建築資金5,000万円のうち2,000万円は自己資金、3,000万円を20年ローンで借り入れました。

①住宅ローン控除の適用についての判定（自宅部分の割合が全体の2分の1以上か？）

　　140㎡＞240㎡×1／2　　∴住宅ローン控除の対象

②住宅ローン控除の対象となる借入金

　　3,000万円×140㎡／240㎡＝1,750万円

③アパート部分に対応する借入金（利息が不動産所得の経費となる）

　　3,000万円×100㎡／240㎡＝1,250万円

### 【例2】区分登記をすれば住宅ローン控除が受けられる

　乙さんは2億円で4階建てのマンション併用住宅を建てました。
　この建物の床面積は1階から4階まですべて200㎡の合計800㎡であり、4階を乙さん家族の自宅として使用し、1階から3階までは賃貸マンシ

ョンとして賃貸します。

建築資金2億円の全額を25年ローンで借り入れました。
①住宅ローン控除の適用についての判定（自宅部分の割合が全体の2分の1以上か？）

　　200㎡＜800㎡×1／2　　∴住宅ローン控除の対象とならない
②住宅に対応する部分の借入金（このままだと住宅ローン控除は受けられない）

　　2億円×200㎡／800㎡＝5,000万円
③賃貸マンション部分に対応する借入金（利息が不動産所得の経費となる）

　　2億円×600㎡／800㎡＝1億5,000万円

※このケースでは、このままでは借入金のうち住宅に対応する部分が税金計算上なんの軽減措置も使えなくなってしまいます。そこで、いわゆる分譲マンションのように区分登記をすれば、4階は独立した分譲マンションと同じ扱いになるので、4階は4階だけで1つの住宅として住宅ローン控除となります（下図を参照）。

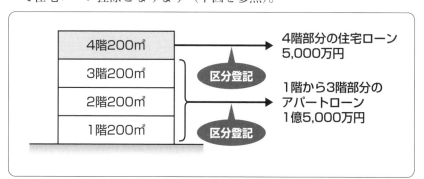

**【区分登記後の住宅ローン控除の適用についての判定】**

　　200㎡＞200㎡×1／2　　∴住宅取得控除の対象となる

　区分登記をしたため、4階は併用住宅ではなく独立した100％の居住用建物となるわけです。つまり、建物を区分登記したうえで、4階の自分の住まいの分については住宅ローンを組み、1階から3階のアパート部分についてはアパートローンを組むという形がよいでしょう。

**提出書類**

# 住宅ローン控除を受けるためには確定申告が必要

　住宅ローン控除を受けるためには、住宅ローンにより住宅を取得（増改築）して居住を開始した年分（初年分）の所得税の確定申告が必要です。たとえば、平成27年分の確定申告であれば、翌年の平成28年2月16日から3月15日まで（該当日が土・日曜の場合は月曜日）に、所轄の税務署（通常は住所地の税務署）に申告書を提出することになります。

　2年目からは、給与所得者で給与収入が2,000万円以下の人については、勤務先で行なう年末調整で住宅ローン控除を受けることができます。それ以外の人は、2年目以降も確定申告が必要です。なお、初年分の確定申告につき必要な提出書類は下表のとおりです。

●(1)敷地の取得がない場合●

| 提出書類 | 新築 | 中古 | 増改築 |
| --- | --- | --- | --- |
| 住宅借入金等特別控除額の計算明細書 | | ○ | |
| 住宅取得資金に係る借入金の年末残高証明書 | | ○ | |
| 住民票の写し | | ○ | |
| 家屋の登記事項証明書、請負契約書の写し、売買契約書の写し等で次のことを明らかにする書類<br>(イ) 家屋の新築または取得年月日(増改築等の年月日)<br>(ロ) 家屋の取得対価の額（増改築費用の額）<br>(ハ) 家屋の床面積が50㎡以上であること（増改築の場合は増改築後）<br>(ニ) 家屋の取得等に係る消費税率が8％または10％が適用されている場合は、その事実 | | ○ | |
| 建築確認済証・検査済証の写しまたは増改築等工事証明書 | — | — | ○ |
| 認定住宅の新築等に係る住宅借入金等特別控除の特例を受ける場合<br>・長期優良住宅建築等計画（低炭素建築物新築等計画）の認定通知書の写し<br>・住宅用家屋証明書（その写し）または認定長期優良住宅（認定低炭素住宅）建築証明書 | ○ | — | — |

●(2)敷地の取得がある場合(上記(1)の書類に加え、次の書類が必要)●

| 提出書類 | 新築 | 中古 | 増改築 |
|---|---|---|---|
| 敷地の登記事項証明書、売買契約書の写し等で敷地を取得したこと、取得年月日および取得対価の額を明らかにする書類 | | ○ | |
| 建築条件付で購入した敷地の場合は、敷地の分譲に係る契約書等で、契約において一定期間内の建築条件が定められていることを明らかにする書類の写し | ○ | — | — |
| 家屋の新築の日前2年以内に購入した敷地の場合は家屋に抵当権が設定されていることを明らかにする書類など | ○ | — | — |

第2章●マイホームの購入には税金の優遇特例がいっぱい!

**コラム** 優良な住宅(200年住宅)はローンがなくても税金が戻る

　認定長期優良住宅または認定低炭素住宅を建築請負契約により新築または建築後使用されていないものを取得した場合には、住宅ローンがなくても所得税額から一定の税額を控除できます。
　なお、住宅ローンがある場合は、38ページで説明した、「認定住宅の住宅借入金等特別控除の特例」とのどちらか有利なほうの選択となりますので注意してください。

●「200年住宅」の税額控除●

| 居住開始年月 | 対象住宅 | 控除対象限度額 | 控除率 | 控除限度額 |
|---|---|---|---|---|
| 平成26年4月〜31年6月 | 認定長期優良住宅 認定低炭素住宅 | 対象認定住宅の床面積×43,800円 (650万を限度) | 10% | 65万円(注) |

(注) 控除しきれない部分は、翌年の所得税から控除します。

住宅取得資金と贈与税

# 住宅購入資金を安易に出してもらうと贈与税が課税される

## 🏠 税務署は親子間の借入れは"贈与"と疑う

「マイホームを購入するのですが、父親が1,000万円を出してやるといっています。父親との間で借用書を作っておけば贈与といわれないでしょうか？ あるいは公正証書にしておけば税務署に対して安心でしょうか？」といった質問を受けることがあります。

子供が親から金銭援助を受けるとき、借用書を作れば贈与とみなされない、と考えている人が少なくありませんが、このような場合は形式ではなく"真実は何か"が問題となります。

つまり、いくら借用書を作ったり、それを公正証書にしたりしても、もともと本人に返す気がないのであれば、実体は親からの贈与ですから、あとで税務署から贈与税を課税されると思わなければなりません。

反対に、本当に返済していくのであれば、それが真実ですから、借用書などがなくても贈与税を払う必要はありません。ただ、税務署との無用のトラブルを避けるためにも、借用書を作って、毎月きちんと親の口座に振り込むのが賢明です。

もっとも、いくら本人が親に返済するのだといっても、返済を行なえば生活ができなくなると考えられるような収入しかない場合は、親からの借入れではなく贈与と認定されますので注意してください。

## 🏠 購入資産の買入価額などについてのお尋ね

不動産を購入すると、たいてい「**お買いになった資産の買入価額などについてのお尋ね**」というものが税務署から送られてきます。

これには、「支払金額の調達方法」を記載するようになっており、購入資金の一部を親からの資金援助によってまかなっている場合には、その金額を「親からの贈与」と記載するか、「親からの借入れ」と記載するかのいずれかになるわけですが、「親からの贈与」と記載すれば当然、

### ●「お買いになった資産の買入価額などについてのお尋ね」の見本●

**お買いになった資産の買入価額などについてのお尋ね（不動産等用）**

| 5 支払金額(合計額)の調達方法 | 預貯金から | 金　額 | | 預貯金等の種類 | 預　入　先 | | 名義人氏名 | 続　柄 |
|---|---|---|---|---|---|---|---|---|
| | | | | | | | | |
| | | | | | | | | |
| | 借入金から | 金　額 | | 借入先の住所氏名等 | | | 借入名義人の氏名(続柄) | |
| | | | 住所 | | | | | |
| | | | 氏名 | | 続柄 | | (　　) | |
| | | | 住所 | | | | | |
| | | | 氏名 | | 続柄 | | (　　) | |
| | 資産の売却代金から | 売却年月日 | 金　額 | 売却資産の名義人 | 売却した資産の所在地 | 種類 | 数量 | 譲渡所得申告の有無 / 申告先税務署名 |
| | | ・・ | 円 | | | | | 有・無 / 税務署 |
| | | ・・ | 円 | | | | | 有・無 / 税務署 |
| | 贈与を受けた資金から | 受贈年月日 | 金　額 | 贈与者 住所 氏名 続柄 | | | | 贈与税申告の有無 / 申告先税務署名 |
| | | ・・ | 円 | | | | | 有・無 / 税務署 |
| | | ・・ | 円 | | | | | 有・無 / 税務署 |
| | その他から | | 円 | 給与・賞与・手持現金・その他(　　) | | | | |
| | 合　計 | | 円 | | | | | |
| 備考 | 平成＿＿＿年＿＿＿月頃に＿＿＿＿＿税務署へ回答済み。 | | | | | | | |

> ここに記入すれば、その借入れが真実かどうかチェックされます。

> ここに記入すれば、贈与税の申告が必要になります。

第2章●マイホームの購入には税金の優遇特例がいっぱい！

贈与税の申告と納税をする必要がありますし、「親からの借入れ」と記載すれば、それが真実かどうかを税務署が確認してくるというわけです。

事例で考える①（付合の場合は注意）

# 親の建物に子が増改築をすると贈与になる？

## 増築部分はもとの所有者に帰属する！

「親の面倒を見るため、親の所有する建物に子供の資金で増築し、二世帯住宅にして同居するつもりですが、税務上何か問題がありますか？」との相談を受けることがあります。

これは問題アリアリです。下の【事例1】を見てください。親の所有する家（時価300万円）に子供が2,700万円をかけて増改築をしたとしましょう。増築部分は、もとの所有者に帰属するというのが基本的な考え方ですから、何も考えずに増築登記をすると親のものとなってしまいます。その結果、2,700万円相当額が子供から親への贈与になるのです。

また、共有の家屋に共有者の一方のみが費用を全額負担して増改築した場合（共有持分に応じて費用負担をすれば、特段問題はありません）にも、同様の問題が起こりえますので注意が必要です。

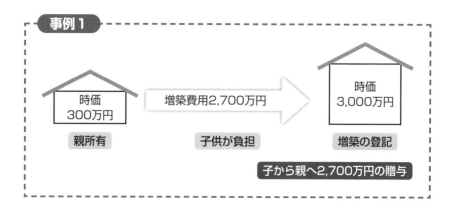

## 増築をするときの対応方法

まず、親の所有する建物を子供に贈与します。その後に増改築をすれば【事例1】のような問題は回避できるわけです。建物の贈与時には贈

与税が課税されますが、建物の評価は固定資産税評価額をもとに計算するので、古い木造建物であれば評価額はそれほど高くはなく、贈与税の負担が重くなることはないでしょう。

たとえば、評価額が300万円の建物であれば贈与税は19万円です（贈与税の詳しいしくみについては、58〜68ページを参照してください）。贈与税の負担が重くなるようならば建物の持分譲渡を検討しなければならないので、この場合は専門家に相談したほうがよいでしょう。

また、増改築を住宅ローンで行なうときは、その増改築費用について当然、住宅ローン控除の適用があると思うことでしょう。

ところが、増改築の場合の住宅ローン控除は「自己の所有する家屋」に対するものに限られるため、【事例1】の場合は適用がありません。一方、【事例2】では贈与後は「自己の所有する家屋」ですから、他の要件を満たしている限り住宅ローン控除の適用があります。ただし、このとき気を付けたいのが、贈与による所有権移転登記です。この所有権移転登記が、工事完了後の住宅ローンの抵当権設定登記と同じ原因日付（贈与日）で行なわれると、「自己の所有する家屋」に対する増改築なのか疑問に思われても仕方ありません。

後で税務署との無用なトラブルを避けるため、工事請負契約前に贈与契約とその「所有権の移転登記」をしておくことをお勧めします。これからの高齢化社会ではこのようなケースが多くなると思われるので、参考にしてください。

事例で考える②

# 子供名義の預金も贈与とされる？

## 🏠 子供名義の預金は誰のもの？

　「このたび30歳になる長男が結婚しまして、新居として3,000万円のマンションを購入したいと申しております。ここ10年ほど毎年、贈与税がかからない範囲で、長男名義で預金してきたお金が800万円ほどあるので、このお金を頭金として長男に渡してやりたいと思っています。このお金を長男に渡しても当然、税金（贈与税）は関係ないですよね」
　といった相談をする人が結構いらっしゃいます（ちなみに、贈与税の基礎控除は年間110万円です）。
　実は、この相談が一番、回答が難しく、また税務署とトラブルになりやすいケースなのです。

　そもそも贈与とは、贈与する側ともらう側とがお互いに了解して成立する法律行為です。税務署とトラブルになる一番の原因は、贈与をした側が一方的に贈与をしたというだけで、もらった側が本当に贈与を受けていたかどうか疑問だからです。
　この相談をしてきた人に、「それでは、贈与をしてもらった長男さんはそのお金を自分で自由に使える状態だったのですね。当然、通帳や印鑑も受贈者である長男さんが持っていたのですね」と聞くと、「いや、通帳と印鑑を長男に渡すとムダづかいをするので私が保管しています。**そもそも、毎年、長男名義で預金していたことを長男には伝えていません**でしたし、もともと長男が将来、家でも買おうというときにこの通帳を渡してやろうと思って預金していたのです」という返事が返ってきます。

　このようなケースが非常に多いのですが、これでは贈与契約が実行されていたとはいえません。贈与とは"あげました""もらいました"と

いう双務契約ですので、もらった人がもらったものを自由に使用できない、まして、もらっていたことさえ知らなかったというのであれば当然、贈与が実行されていたことにはなりません。

　このような場合は、マンションを購入する際に800万円を一度に贈与したものと税務署に認定され、贈与税が課税されることになりかねないのです。

　税務署とのトラブルを避けるのであれば、この800万円は親のものだったと認めて、「住宅取得等資金の贈与税の非課税」または「住宅取得資金に係る相続時精算課税の特例」（60～66ページを参照）を利用するのがいいでしょう。そうすれば贈与税の心配は必要ありません。

### 🏠 子供の将来のために贈与をしたいならば証拠を残そう

　子供の将来のために、贈与税が課税されないよう毎年110万円ずつ贈与を続けて何百万円というまとまったお金になったときに、そのお金を子供に渡して不動産などを購入すると、税務署から「そのお金は一度に贈与したのではないか」という疑いを受けます。これに対して、そうではないことを立証するのは非常に大変です。

　では、税務署とのトラブルを避けるためには、どうすればよいのでしょうか？

　そのためには、ともかく贈与をしたという証拠を残すことが大事です。贈与をしたという証拠の残し方は、ズバリ「**受贈者名義の預金通帳にお金を振り込み、その日付で贈与契約書を作成する**」ことです。

　贈与をする場合は、贈与の事実が客観的に残るように「受贈者の預金通帳に贈与金額を振り込む」、そして、お互いに合意していたことを示すために「贈与契約書を作成して、あげる側、もらう側が双方了解して署名・押印し、その日付を記載しておく（通帳への振込日を贈与契約書の作成日とするのが望ましい）」といったことをきちんと行なうことです。

贈与税の特例制度①

# 大幅に拡充された住宅取得等資金の贈与の特例

## 2種類の課税制度のそれぞれに特例がある

　贈与税には、原則的な「一般贈与（暦年課税）」と納税者が選択する「相続時精算課税制度」という2種類の課税方法があり、これらの課税制度のなかに、それぞれ住宅取得等資金の贈与についての特例があります。

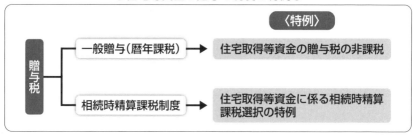

●住宅等資金の贈与の制度と特例●

## 住宅取得等資金の贈与税の非課税

　住宅を新築または購入したり、増改築する場合、親や祖父母からの資金援助を受けるケースがよくあります。税制上、何ら手当がなされていなければ、多額の贈与税を納めることになり、親や祖父母からの援助も台無しになりかねません。

　そこで、この資金援助を後押しする形で、一定の条件のもとに「住宅取得等資金の贈与税の非課税」制度が設けられています。「**住宅取得等資金の贈与税の非課税**」とは、その年の1月1日において20歳以上の者が、親、祖父母などの直系尊属（配偶者の親などは該当しません）から、マイホームの新築や購入または増改築資金を贈与された場合に一定の要件を満たせば、一定額までは非課税としてあげましょう、という制度です。

　具体的な非課税限度額は住宅の取得等の契約時期により、次ページの上の表のとおりになります。

●住宅取得等の契約時期と非課税限度額●

| 住宅取得等の契約時期 | 良質な住宅(省エネ・耐震住宅) | | 一般住宅 | |
|---|---|---|---|---|
| | 消費税10%以外 | 消費税10% | 消費税10%以外 | 消費税10% |
| 平成27年1月～平成27年12月 | 1,500万円 | － | 1,000万円 | － |
| 平成28年1月～平成28年9月 | 1,200万円 | － | 700万円 | － |
| 平成28年10月～平成29年9月 | 1,200万円 | 3,000万円 | 700万円 | 2,500万円 |
| 平成29年10月～平成30年9月 | 1,000万円 | 1,500万円 | 500万円 | 1,000万円 |
| 平成30年10月～平成31年6月 | 800万円 | 1,200万円 | 300万円 | 700万円 |

たとえば、一般贈与(暦年課税)の場合で、親から住宅取得等資金1,300万円を贈与され、一般住宅を新築したとしましょう。

その贈与が平成27年中になされたものであれば、暦年課税の基礎控除110万円とは別に、1,000万円までが非課税となりますから、この場合の贈与税の計算は次のようになります。

〈贈与税の計算例〉

1,300万円－1,000万円(非課税額)－110万円(基礎控除額)＝190万円

贈与税＝190万円×10%(超過累進税率)＝19万円

なお、この「住宅取得等資金の贈与税の非課税」制度は、「相続時精算課税制度」(次項を参照)の2,500万円の控除との併用も可能です。

第2章●マイホームの購入には税金の優遇特例がいっぱい！

●贈与税の速算表●

| 基礎控除後の課税価格 | 一般税率 | | 特例税率[注] | |
|---|---|---|---|---|
| | 税率 | 控除額 | 税率 | 控除額 |
| ～　200万円以下 | 10% | － | 10% | － |
| 200万円超～　300万円以下 | 15% | 10万円 | 15% | 10万円 |
| 300万円超～　400万円以下 | 20% | 25万円 | 15% | 10万円 |
| 400万円超～　600万円以下 | 30% | 65万円 | 20% | 30万円 |
| 600万円超～1,000万円以下 | 40% | 125万円 | 30% | 90万円 |
| 1,000万円超～1,500万円以下 | 45% | 175万円 | 40% | 190万円 |
| 1,500万円超～3,000万円以下 | 50% | 250万円 | 45% | 265万円 |
| 3,000万円超～4,500万円以下 | 55% | 400万円 | 50% | 415万円 |
| 4,500万円超～ | 55% | 400万円 | 55% | 640万円 |

(注) その年の1月1日において20歳以上の者が直系尊属(父母や祖父母など)から贈与を受けた場合。

贈与税の特例制度②

# 「相続時精算課税制度」を選択すると 2,500万円まで贈与税がかからない

## 相続時精算課税制度とは

　贈与税は本来、相続税の課税を免れるための生前贈与を防ぐという趣旨から、高い税率が課されています。このため、わが国では高齢者から次世代への財産の受け渡しは、相続を通じて行なわれるのが一般的になっています。

　しかし、高齢化社会の進展により次世代への財産の移転が進まないことから、贈与税と相続税の垣根を取り払い、早めに若い世代に財産を移転しやすくしよう、という狙いで創設されたのが、「相続時精算課税制度」です。

## 「相続時精算課税制度」のしくみ

　相続時精算課税制度の適用は、贈与をする人が**60歳以上の父母または祖父母**で、贈与を受ける人が**20歳以上の子供または孫**などの直系卑属の場合に限られます（この年齢は、贈与があった年の1月1日現在）。ここで、「父母または祖父母」ですから、父もしくは母または祖父母から別々に贈与を受けて、この制度を利用することもできますし、父からの贈与は相続時精算課税制度の適用を選択し、母からの贈与は選択しないで贈与税の制度（一般贈与）を適用するといった対応もOKです。

　ただし、この相続時精算課税制度は選択してはじめて適用できるものですから、その届出をしなければ一般贈与（暦年課税）となります。

　なお、相続時精算課税を選択した場合は、その贈与者から贈与してもらった金額を毎年累積し、累積された贈与金額が2,500万円を超えた場合には、20％の税率で贈与税を仮に納税し、相続発生時に精算することになります。

●相続時精算課税と一般贈与の違い●

|  | 相続時精算課税制度 | 一般贈与（暦年課税） |
|---|---|---|
| 贈与者 | 60歳以上の父母または祖父母 | 制限なし |
| 受贈者 | 20歳以上の子供または孫（直系卑属） | |
| 非課税枠 | 相続開始までの累計で2,500万円 | 年間110万円（基礎控除額） |
| 税率 | 受贈額2,500万円を超えた分の一律20% | 基礎控除を超えた分の10～55% |

　ということは、たとえば、父から2,500万円、母から2,500万円、合計5,000万円までの贈与はこの制度を利用することによって、相続の開始まで贈与税を払うことなく財産を有効活用できるというわけです。

### 🏠 相続時精算課税制度を適用するときの注意点

　相続時精算課税制度の適用を受けるためには、その旨の届出をしなければなりません。ただし、一度、相続時精算課税を選択すると、それ以降、その親や祖父母からは相続の開始のときまでずっと、相続時精算課税制度が継続して適用されます。

　つまり、**相続時精算課税制度は一度選ぶと、もう一生、その親または祖父母からの贈与では、110万円の一般贈与の適用はできなくなるのです。**

　しかし、特別な資産家でない限りあまり心配することはないでしょう。この制度創設の目的は、日本経済の活性化を図ることです。つまり、金融資産を抱えている高齢者から金融資産を吐き出させて、子供や孫世帯にお金が回るようにし、消費を活性化させていこうというものであり、とりわけ、子供や孫の世代が初めてのマイホームを取得しやすくするのが狙いです。

　したがって、相続のときにまず相続税は課税されないだろうという一般的な資産状況の人であれば、相続時精算課税制度を積極的に活用して、相続まで待たずに子供や孫がお金を使えるようにしてあげるということはよいことだと思います。一方、相続時に相続税が心配な資産家は、年々、制度が複雑になっているので、後悔しないように税理士等の専門家に相談してから適用するかどうか決めたほうがよいでしょう。

## 🏠 住宅取得等資金の選択の特例

　相続時精算課税制度は、贈与をする人が、60歳以上の親または祖父母で、贈与を受ける人が、その贈与を受ける年の1月1日現在において20歳以上の子供または孫などの直系卑属の場合に限られることは前述したとおりですが、マイホームを取得する資金の贈与を受ける場合は、その**贈与者の年齢制限を撤廃して60歳未満の親や祖父母**からの贈与でも適用できる点が、通常の「相続時精算課税」と異なるところです。

●住宅取得等資金の贈与税の非課税制度のイメージ●

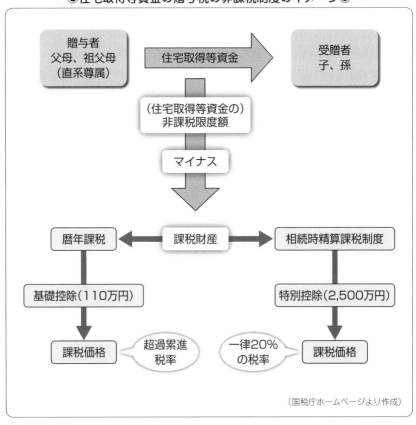

（国税庁ホームページより作成）

## 2-13 住宅取得等資金の贈与の特例

# 「住宅取得等資金の贈与の特例」では一般贈与の特例のほうが相続時精算課税制度の特例よりトク

### 🏠「住宅取得等資金の選択特例」が向いている人

　相続時精算課税の贈与はあくまでも相続財産の前渡しなので、贈与といいながら、贈与税が課されるのではなく、課税される税金はあくまでも相続税です。つまり、相続時精算課税制度で贈与した金額はその贈与した者が死亡したときに、相続財産に合算されて相続税が課税されることになるわけです。

　したがって、この制度を利用できる人は、贈与者の年齢が60歳未満の者で、一般贈与の住宅取得等資金の贈与の非課税限度額を超える住宅取得等資金の贈与を受けるケースで、かつ、贈与者の相続税の心配がほとんどない場合に限定されると思います。

### 🏠 一般贈与（暦年課税）の「住宅取得等資金の贈与税の非課税特例」が向いている人

　それに対して、一般贈与（暦年課税）の「住宅取得等資金の非課税の特例」の場合は、相続財産に合算されるということがないので、将来、相続税のかかるような人が相続税対策として活用できるというわけです。

　しかも、相続税の計算をする場合、相続人が被相続人から受けていた"相続開始前３年以内の贈与財産"は、せっかく贈与していても相続時精算課税制度と同様に相続財産に加算されて相続税が課税されることになっていますが、「住宅取得等資金の贈与の非課税の特例」を受けたものは、この取扱いから除外され、３年以内であっても相続財産に加算する必要がありません。また、祖父母から孫への贈与でも適用が可能ですから、世代を飛び越えた財産の移転による相続財産の圧縮にも有効な手段です。

　つまり、相続対策としては即効性があり、資産家にとっては非常に使い勝手がよい制度であるといえます。

### ●住宅取得資金に係る贈与税のまとめ●

| | 一般贈与（暦年課税） | 相続時精算課税制度 | | 住宅取得等資金の贈与税の非課税 |
| --- | --- | --- | --- | --- |
| | | 住宅取得等資金の特例以外 | 住宅取得等資金の選択特例 | |
| 贈与者 | 制限なし | 60歳以上の父母または祖父母 | 父母または祖父母（年齢制限なし） | 父母または祖父母（直系尊属） |
| 受贈者 | | 20歳以上の子供または孫（直系卑属） | | 20歳以上の子供または孫（直系卑属）合計所得2,000万円以下 |
| 非課税枠 | 110万円 | 相続開始までの累計で2,500万円 | | 最大2,500万円（省エネ・耐震住宅は最大3,000万円） |
| 税率 | 超過累進税率10～55% | 受贈額2,500万円を超えた分の一律20% | | 一般贈与または相続時精算課税の税率 |
| 贈与財産 | 制限なし | 制限なし | 住宅取得等資金に限る | |
| 贈与財産の相続発生時の取扱い | 相続開始前3年以内のものは加算 | 贈与時の価額で相続財産にすべて合算 | | 非課税のため相続財産には加算しない |
| 取得等する住宅の範囲 | | | （注1） | （注1） |

（注1） 取得等する住宅の範囲

- 床面積（区分所有建物は専有部分の床面積）が50㎡以上の家屋（注2）
- 床面積の2分の1以上が専ら居住用に供されること
- 日本国内に所在すること
- 中古住宅の場合は次のいずれかの要件を満たしていること

　　イ　耐火建築物の場合は築25年以内
　　ロ　非耐火建築物の場合は築20年以内
　　ハ　イ、ロ以外の場合で新耐震基準を満たしている場合

・工事費用100万円以上の一定の増改築も適用になります。
・上記の住宅用家屋とともに取得する敷地も適用になります。
（注2）住宅取得等資金の贈与税の非課税では床面積が50㎡以上240㎡以下

**贈与税の配偶者控除の特例**

# 長年連れ添った妻も不動産の名義人にしたい場合

## 結婚20年以上なら2,110万円まで贈与税はかからない

「贈与税の配偶者控除の特例」とは、婚姻期間が20年以上の配偶者からマイホーム（自分が住むための家屋や敷地）またはマイホームを取得するための資金の贈与を受けた場合、贈与を受けた住居や敷地またはマイホームの購入資金から2,000万円の控除が受けられるという制度です。

贈与税には、もともと110万円の基礎控除があるので、実質的には、2,110万円（2,000万円＋110万円）までの贈与については贈与税がかからないことになります。

## 配偶者控除を受けるための5つのポイント

贈与税の配偶者控除の特例の適用を受けるためには、次の①から④の要件を満たして、⑤の申告書を提出しなければなりません。

①婚姻期間20年以上の配偶者からの贈与であること

　婚姻期間は、婚姻の届出書を提出した日から、贈与のあった日までの期間で判定されます。また、この特例は、内縁関係の場合には適用されません。

②贈与を受ける財産が、居住用不動産または居住用不動産を取得するための金銭であること

　居住用不動産の贈与は建物のみ、敷地のみでもかまいませんが、敷地のみの場合には、その敷地上の建物の所有者が贈与を受けた者の配偶者か同居する親族でなければなりません。また、敷地には借地権も含まれます。

③贈与を受けた翌年3月15日までに居住し、その後も住み続ける予定であること

④同じ配偶者から過去にこの適用を受けていないこと

⑤贈与税の申告書を提出すること

　贈与する居住用不動産または建築資金が2,110万円以下であるため贈与税がゼロとなる場合であっても、申告が必要です。

## 🏠 現金贈与と不動産贈与のどっちがトク？

　「今まで住んでいた自宅を売却して、新しい自宅に買い換えます。今までの自宅は全部私名義でしたが、新しい自宅は将来の相続税のことも考えて、できる限り妻の名義にしたいと思っています。結婚20年以上の夫婦の場合は特例があると聞きましたが、どうすれば税金がかからずに一番多く妻の名義にできるでしょうか？　購入する新しい自宅は土地・建物で7,000万円の予定です」というような相談を受けることがあります。

　この場合は、①購入するときに現金を贈与して初めから夫と妻の名義にする方法と、②まず夫名義で購入して、しばらくしてから土地・建物を妻に贈与するという2つの方法が考えられます。

　①の現金で贈与する方法だと、贈与税の非課税枠が2,110万円なので、土地建物の名義は「2,110／7,000」を妻名義にするのが、贈与税のかからないギリギリの範囲となります。

　それに対して②の不動産贈与だと、7,000万円で購入した不動産の贈与の際の評価額（相続税評価額）は購入代金の40～50％なので、たとえば評価額が5,000万円だとすれば、「2,110／5,000」が、贈与税がかからずに妻名義にできるギリギリの範囲となります。

　②の方法のほうがたくさん贈与できてトクのような気がしますが、土地や建物を贈与するということは、不動産の名義変更を伴いますから、その際には登録免許税や不動産取得税が課税されます。贈与税はゼロになっても、これらの税金はゼロにはなりません。一般的に数十万円の費用がかかることもあります。このことを踏まえて、どちらにするか検討してみてください。

　なお、自宅を売却して新たな自宅を購入する際に「買換え特例」（126ページを参照）を使用する場合は、買い換えた自宅を本人（夫）名義にする必要があるので注意してください。

# 第3章

# 不動産を売って利益が出たときの税金

売却益に対する譲渡税①

# 譲渡税の計算方法と譲渡収入の考え方

## 譲渡税の計算の概要

　土地や建物を売却して儲けが出た場合、この儲け（利益）のことを「**譲渡所得**」とよび、譲渡所得に対して所得税と住民税が課税されます。
　この譲渡所得に課税される所得税と住民税の合計額を通常、「**譲渡税**」とよんでいます
　所得税と住民税では、その性質によって所得を10種類に区分し、給与や家賃収入また年金などを合算してその合計額に累進税率（所得が高くなれば高い税率をかける）をかけて税金の計算をする「**総合課税**」と、これらとは分離して税金の計算をする「**分離課税**」（総合課税により累

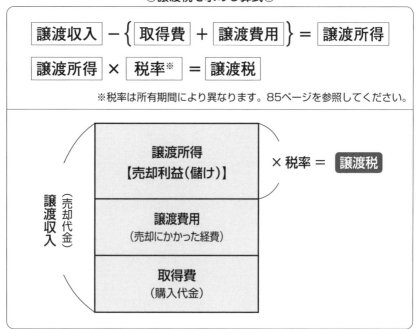

●譲渡税を求める算式●

進税率をかけると高い税額になり適切でないものなど）があります。

　分離課税とされるものには、たとえば、退職金のように一時的に所得が増えるとはいえ老後の生活資金となるものや、経済の動向により流動化の促進や抑制のコントロールが必要な不動産の売却益などがあります。つまり、不動産の売却の儲けである譲渡所得は、その儲けがいくら多額であろうと、給与や家賃収入・年金などの他の所得に対する税金には原則として影響しないしくみになっているのです。

## 「譲渡収入」とは

　「譲渡収入」とは、土地や建物の売却代金のことです。こういうと簡単なようですが、付帯収入や金銭の受領の伴わない経済的利益も譲渡収入となるので注意が必要です。

　よく問題となるのが固定資産税の精算金です。固定資産税は１月１日現在の不動産の所有者に対してその年１年分の納税通知書が送られてくるため、その不動産の売却日で日割り精算をするというのが一般的に行なわれています。この場合、買主が売却代金のほかに日割り精算した固定資産税相当額を売主に支払うわけですが、この固定資産税の精算金も譲渡収入とされます。

　また、不動産取引においては、契約書とは別に念書や合意書といった形で、売主の譲渡税を買主が負担する旨の約束をしていることがありますが、相手方が譲渡税を負担すればその分、経済的利益を受けたことになりますので、相手方が負担する税金相当額も当然、譲渡収入とされます。

　なお、通常の売買のほかに不動産の「交換」や「代物弁済」なども不動産の売却になりますので譲渡所得が発生します。

　たとえば土地と土地とを交換した場合は、自分の所有する土地を相手に渡して、現金で決済する代わりに相手の所有する土地で決済するわけですから、相手の所有する土地の価値（時価）が譲渡収入となります（お互い等価として差金の授受がない場合は、高いほうの時価となります）。

　また代物弁済は、たとえば3,000万円の借金をしている人が、3,000万円の支払いに代えて、自分の所有する土地を債権者に渡して借金を帳消しにする行為ですから、帳消しにした借金の額で土地を売却したのと同じことになり、この場合は3,000万円が譲渡収入となるわけです。

売却益に対する譲渡税②

# 取得費とは

## 「取得費」に含まれるものは

　**取得費**とは、土地や建物の取得に要した金額に設備費および改良費を加えた金額とされています。

　ただし、建物の場合には、建物の取得価額から売却時までの減価償却費相当額を控除した残額が取得費となります（減価償却については78ページで詳しく説明します）。

　いわゆる購入代金のほかで取得費に含まれる主なものは、次のとおりです。

①購入時に不動産業者に対して支払った仲介手数料
②土地や建物を購入する際に支払った立退料
③住宅や工場などの敷地を造成するために要した宅地造成費用
④取得について争いのある資産についてその所有権等を確保するために要した訴訟費用や和解費用
⑤土地の利用を目的として、建物付きの土地を購入した場合に、その取得後おおむね１年以内に建物を取り壊した場合の取壊し費用等
⑥購入時の売買契約書へ貼付した印紙代、登記費用、不動産取得税(注)
　（注）　事業用の不動産の場合には、印紙代や登記費用、不動産取得税は取得費ではなく、その事業にかかる必要経費となります。

　なお、借入れにより土地を購入した場合の支払利息は、その土地を使用するまでの期間に対応する支払利息が取得費となります。

## 「取得費」に含まれないものは

　取得費に含まれるかどうかで間違いやすいものとして、維持管理に要した費用があります。維持管理に要した費用は取得費にならないことになっていますので、**固定資産税**や**修繕費**は取得費とはなりません。

「数年前に家のリフォームをしました。壁の塗り替えや壁紙の張替え、畳の表替えなどで300万円ほどかかったのですが、この費用は建物の取得費として経費になりませんか？」といった質問を受けることがあります。

このような場合、基本的には現状を維持するための維持修繕の費用ですから取得費にすることはできません。ただし、畳をフローリングにしたとか、台所をシステムキッチンにしたとか、壁をモルタルからタイル張りに張り替えたといったようにその資産の価値を高めるものは、「**資本的支出**」といってその資産の取得費となります。しかしこの判断は非常に難しいので、税務署や税理士に確認してください。

なお、壁の塗り替えや畳の表替え等が譲渡をするためになされたものであるときは、取得費にはなりませんが、76ページで説明する譲渡費用として必要経費となります。また、庭の草刈費用なども取得費にはなりませんが、譲渡をするためになされたものであれば譲渡費用となります。

## 取得費が不明な場合（概算取得費）

取得に要した費用がわからない場合は、**譲渡収入（売却代金）の5％**を取得費とすることが認められており、これを**概算取得費**といいます。また、何十年も前に購入した土地などで、実際の取得費よりも売却価格の5％のほうが有利な場合にも、概算取得費によることが認められています。

〈概算取得費の求め方〉
取得費＝譲渡収入（売却代金）×5％

なお、概算取得費を適用する場合は、たとえ土地や建物の取得後に行なった設備費、改良費等の実額がわかっていても概算取得費に加算することはできないのでご注意ください。

## 3-3 売却益に対する譲渡税③

# 購入代金を証明する売買契約書や領収書を紛失してしまったら

### 🏠 取得費の証明ができない場合はどうする？

「昭和55年に4,000万円で購入した土地を、駐車場として利用していたのですが、このたびこの土地を5,000万円で売却しました。間違いなく4,000万円で購入したのですが、それを証明する売買契約書も領収書も紛失してしまって、購入金額を証明するものが何もありません。譲渡税はいくらになるのでしょうか？」

このように、売買契約書や領収書を紛失してしまっていて、購入代金を証明するものがない場合はどうしたらいいのでしょうか？

不動産を売却して利益が出た場合は、売却した年の翌年２月16日から３月15日までの間に、所得税の確定申告をしなければなりませんが、税務署はこの確定申告をする際には、購入価額を証明するものとして購入当時の売買契約書や領収書の写しを提出するように求めています。

証明するものがない場合には、前述の概算取得費（譲渡収入の５％、このケースであれば5,000万円×５％＝250万円）により譲渡所得4,750万円（5,000万円－250万円＝4,750万円）として、譲渡税を計算すれば税務署は何もいいません。

しかし本来の譲渡所得は1,000万円（5,000万円－4,000万円＝1,000万円）なのですから、譲渡所得4,750万円として申告をすると、本来約200万円ですむ譲渡税が約950万円となり（85ページの税率表を参照。計算を簡便にするため復興特別所得税を除いた税率は20％です）、約750万円も多く税金を納めることになってしまいます。

### 🏠 税務署が認めないと厄介なことに

このようなケースでは、4,000万円で購入したことを客観的に証明できそうなあらゆるものを調査して、税務署に対する説明書を作成して申

● 売買契約書や領収書を紛失している場合の証明手段 ●

- 銀行等から借り入れて購入した場合は、銀行に稟議書等が残っていないかを調べるとともに、登記簿謄本の権利部・乙区の抵当権の金額からの証明を試みる
- 建売住宅などの場合で、住宅取得控除の適用を受けている場合は、住宅取得控除を行なった際の確定申告書がないか
- 不動産会社の分譲地を購入していた場合や不動産業者の仲介で購入した場合は、購入当時の不動産会社や仲介をした不動産業者に資料が残っていないかどうか
- 購入当時の日記や手帳が残っていれば、購入のいきさつや購入価額が書かれていないかを調べる
- 国土交通省の発表している購入当時の近隣の地価公示をもとに購入地の当時の地価の理論的価額を計算してみる

　上記の方法などにより総合的に、客観的な証明を積み重ねていくことになります。

告を行なう方法が考えられます。

　税務署が認めてくれるかどうかはケースバイケースであり、認めてくれなければ修正申告を行なうこととなり、本来の税金のほかに過少申告加算税や延滞税といった罰金が、本来の税金に対して10〜20％程度加算されてしまいますので、税理士に相談したうえでリスクを確認して行なうということになるでしょう。

売却益に対する譲渡税④

# 譲渡費用に含まれるものと赤字が出た場合

## 譲渡費用に含まれるものとは

**譲渡費用**とは、土地建物を譲渡するために直接に要した費用のことをいいますが、主な譲渡費用は次のとおりです。

① 売却時に不動産業者へ支払う仲介手数料
② アパートや貸家の借家人などへ支払う立退料
③ 売買契約書の印紙代
④ 譲渡する土地の測量費
⑤ 土地を譲渡するために取り壊した家屋の取壊し費用
⑥ すでに売買契約済みの資産を、さらに有利な条件で他に譲渡するために契約を解除したことに伴い支出する違約金
⑦ 借地権者が借地権を譲渡するために地主に支払った名義書換料（承諾料）　など

## 譲渡費用に含まれないものは

上記のような費用が一般的な譲渡費用ですが、修繕費や固定資産税等の維持管理費用や、引越しにかかる費用、譲渡税の申告を依頼した場合の税理士報酬などは譲渡費用とはなりません。

ただ、譲渡費用とは譲渡するために直接要した費用、または資産の譲渡価値を増加させるために支出した費用とされていることから、資産の譲渡価値を高めるために、売却に当たって支出した壁の塗り替えや壁紙の張替えといった費用は譲渡費用となります。しかし通常に保有していた期間に支出した場合は維持管理費用として、取得費にも譲渡費用にも該当しません。

また、土地建物に抵当権が設定されている場合は、その抵当権を抹消しなければ売却できないことから、売却代金で借入金を返済することがありますが、その場合、一般的に抵当権抹消のための登記費用が発生し

ます。

　さらに、譲渡する土地や建物の登記簿に記載されている住所が現在の住所ではなくその土地建物を購入する前の以前の住所となっていることがよくありますが、このような場合は住所変更の登記をしてからでなければ売却できないため、住所の変更移転登記費用が発生します。

　このような登記費用は、譲渡費用となりそうな気がしますが、譲渡に直接要した費用ではないとして譲渡費用とはならないこととなっています。

### 🏠 赤字は原則、切捨て（譲渡所得どうしでのみ通算ができる）

　土地や建物を譲渡すれば、必ず利益が出るものとは限りません。土地や建物を売って損をしたときは、当然、譲渡税は課税されませんが、原則として赤字は切捨てになります。

　ただし、同じ年に2つ以上の土地や建物を売却して、一方では利益、他方では損失が出たときには、その利益と損失を差し引き計算することができます。利益が残れば、それを土地建物の譲渡所得として課税し、損失が出れば課税はしませんが、赤字は切捨てとなります（自宅を売却して赤字だったときの税金が安くなる特例があります。130ページを参照）。

●「損益通算」の例●

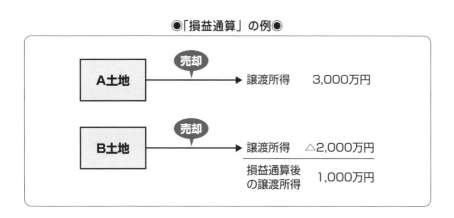

建物の取得費

## 建物の取得費は減価償却費を差し引いて計算する

### 「減価償却」とは何か

土地の価値は年数が経過しても変わりませんが、建物は老朽化などにより資産価値が減少していきます。この資産価値の減少部分を、税法で決められた「**耐用年数**」に割り当てて経費化していくことを「**減価償却**」といいます。建物の譲渡所得を計算する際の「取得費」は、取得した際の価格ではなく、減価償却相当額を控除した残額になります。

> 購入代金(注)－減価償却相当額＝建物の取得費

（注）購入代金とは72ページで説明した通常の取得費のことです。

### 減価償却相当額の計算のしかた

減価償却相当額は**非業務用の場合**は下記の算式によって求めますが、その建物が木造なのか、鉄骨なのかといった建物の構造によって、次ページの耐用年数表のとおり、建物の耐用年数が異なります。

なお、**業務用**として自身の事務所や店舗で使用していた場合や、アパートや貸家として賃貸していた場合は、毎年の確定申告で事業所得や不動産所得を算出するため、減価償却費を計算し経費として計上しているはずですので、その**毎年経費として計算していた減価償却費の合計額**が減価償却相当額となります。

また、次ページの耐用年数表のとおり、非業務用（自宅や別荘、子供

> （減価償却相当額の計算）非業務用の場合
> 取得価額（購入代金）×0.9×償却率×経過年数(注1)＝減価償却相当額(注2)

（注1）非業務用建物の場合の経過年数は6か月以上は1年とし、6か月未満は切り捨てます。
（注2）非業務用建物の場合の減価償却相当額は、建物の取得価額の95％が限度となります。

への使用貸借など）の場合には、耐用年数を1.5倍にして計算した耐用年数に応じた償却率により計算します。

●主な建物（住宅用）の耐用年数表●

| 構造 | 業務用 | | 非業務用 | |
| --- | --- | --- | --- | --- |
| | 耐用年数 | 償却率 | 1.5倍した耐用年数 | 償却率 |
| 木造 | 22年 | 0.046 | 33年 | 0.031 |
| 木骨モルタル造 | 20年 | 0.050 | 30年 | 0.034 |
| （鉄骨）鉄筋コンクリート | 47年 | 0.022 | 70年 | 0.015 |
| 金属造 骨格材3ミリ以下 | 19年 | 0.052 | 28年 | 0.036 |
| 金属造 骨格材3超4ミリ以下 | 27年 | 0.037 | 40年 | 0.025 |
| 金属造 骨格材4ミリ超 | 34年 | 0.030 | 51年 | 0.020 |

> **事例**
> 甲さんが平成18年4月に3,000万円で新築した木造の戸建てマイホームを、平成27年8月に2,800万円で売却した場合の譲渡所得はいくらになりますか？

**【計算結果】**（計算の便宜上、土地の売却分と譲渡費用は考慮していない）

**（減価償却相当額の計算）**

30,000,000円 × 0.9 × 0.031 × 9年 = 7,533,000円

**（建物の取得費の計算）**

30,000,000円 − 7,533,000円 = 22,467,000円

**（譲渡所得の計算）**

28,000,000円 − 22,467,000円 = 5,533,000円

※上記の計算でわかるように、建物は減価償却相当額を差し引いた後の金額が取得費となるため、たとえ購入代金より売却代金のほうが低かったとしても、利益（譲渡所得）が発生することになります。
　なお、計算の便宜上、後述するマイホームの特例は考慮していません。

## 3-6 建売・中古物件の取得費

# 建売や中古で購入した土地建物を売却した場合の取得費の計算

### 🏢 建物の購入価額がわからない場合は

　請負契約で建物を建築した場合は、その建物の購入価額がわかっているので減価償却の計算がすぐにできますが、マンションや建売住宅、中古住宅などの場合は土地と建物を一体として購入してきているので、建物の購入代金がいくらかがわからないことがあります。

　このような場合、一般的には次に掲げる①〜③のパターンごとに建物の購入代金を計算していくことになります。

#### ①契約書に区分して記載されている場合

　契約書などに建物と土地の価格が記載されている場合は、それに従って区分します。

#### ②契約書に消費税が記載されている場合

　契約書に土地と建物の合計金額しか記載されていなくても、消費税額が記載されている場合には、消費税を割り戻すことによって建物の購入価額が計算できます。なぜなら、土地に対しては消費税が課税されないので、消費税から逆算すれば建物の価格を計算できるというわけです。

> 建物の購入価額＝（建物の消費税額÷消費税率）＋消費税額

　（注）消費税は平成元年4月1日から導入されたものであり、平成9年3月31日までは3％、平成26年3月31日までは5％、それ以降現在までは8％の税率となっています。

#### 【事例1】

　平成8年5月31日に5,000万円で建売住宅を購入しました。5,000万円のうち消費税60万円と明記してある場合の土地と建物の購入代金はいく

らでしょう？
**（建物購入代金）**
　60万円÷0.03＝2,000万円
　2,000万円＋60万円＝2,060万円
**（土地の購入代金）**
　5,000万円－2,060万円＝2,940万円

③契約書に消費税が記載されていない場合
　個人から個人への売却や消費税導入前の購入など、契約書に土地と建物の価格が区分されておらず、消費税も記載されていない場合は、次ページの「A　建物の標準的な建築価額表」をもとに、Bの計算表で建物の取得価額を求めます。

【事例２】
（２－１）　昭和60年8月5日に新築された専有面積60㎡（鉄骨鉄筋コンクリート）のマンションを完成と同時に4,000万円で購入している場合の土地と建物の購入代金はそれぞれいくらでしょう？
（２－２）　上記のマンションを平成10年5月10日に元の所有者から4,200万円で購入している場合の土地と建物の購入代金はそれぞれいくらでしょう？
（２－３）　上記（２－２）のマンションを平成27年7月9日に4,180万円で売却した場合の譲渡所得はいくらでしょう？　なお、譲渡費用は140万円かかっているものとします。
（注）　どのケースも自己の居住用として利用しているものとします。また、計算の便宜上「居住用財産の譲渡の特例」は考慮しません。

【事例の解答】
（２－１）（次ページBの計算表(1)の各欄は次のとおり）
①　昭和60年8月5日
②　172,200円／㎡
③　60㎡
④　（②×③）10,332,000円
　　建物購入代金　10,332,000円

第3章　不動産を売って利益が出たときの税金

## 【A　建物の標準的な建築価額表】（単位：千円／㎡）

| 建築年 | 木造・木骨モルタル | 鉄骨鉄筋コンクリート | 鉄筋コンクリート | 鉄骨 | 建築年 | 木造・木骨モルタル | 鉄骨鉄筋コンクリート | 鉄筋コンクリート | 鉄骨 |
|---|---|---|---|---|---|---|---|---|---|
| 昭和44年 | 24.9 | 50.9 | 39.0 | 23.6 | 59年 | 102.8 | 161.2 | 141.7 | 95. |
| 45年 | 28.0 | 54.3 | 42.9 | 26.1 | 60年 | 104.2 | 172.2 | 144.5 | 96. |
| 46年 | 31.2 | 61.2 | 47.2 | 30.3 | 61年 | 106.2 | 181.9 | 149.5 | 102. |
| 47年 | 34.2 | 61.6 | 50.2 | 32.4 | 62年 | 110.0 | 191.8 | 156.6 | 108. |
| 48年 | 45.3 | 77.6 | 64.3 | 42.2 | 63年 | 116.5 | 203.6 | 175.0 | 117. |
| 49年 | 61.8 | 113.0 | 90.1 | 55.7 | 平成元年 | 123.1 | 237.3 | 193.3 | 128. |
| 50年 | 67.7 | 126.4 | 97.4 | 60.5 | 2年 | 131.7 | 286.7 | 222.9 | 147. |
| 51年 | 70.3 | 114.6 | 98.2 | 62.1 | 3年 | 137.6 | 329.8 | 246.8 | 158. |
| 52年 | 74.1 | 121.8 | 102.0 | 65.3 | 4年 | 143.5 | 333.7 | 245.6 | 162. |
| 53年 | 77.9 | 122.4 | 105.9 | 70.1 | 5年 | 150.9 | 300.3 | 227.5 | 159. |
| 54年 | 82.5 | 128.9 | 114.3 | 75.4 | 6年 | 156.6 | 262.9 | 212.8 | 148. |
| 55年 | 92.5 | 149.4 | 129.7 | 84.1 | 7年 | 158.3 | 228.8 | 199.0 | 143. |
| 56年 | 98.3 | 161.8 | 138.7 | 91.7 | 8年 | 161.0 | 229.7 | 198.0 | 143. |
| 57年 | 101.3 | 170.9 | 143.0 | 93.9 | 9年 | 160.5 | 223.0 | 201.0 | 141. |
| 58年 | 102.2 | 168.0 | 143.8 | 94.3 | 10年 | 158.8 | 225.6 | 203.8 | 138. |

## 【B　建物の標準的な建築価額による建物の取得価額の計算表】

(1)　次により、減価償却の基礎となる建物の取得価額を求めます。

| | | |
|---|---|---|
| お売りになった建物の建築年月日（注1） | ① | 昭和　平成　　年　月　日 |
| 上記Aの建物の標準的な建築価額表で求めた建築単価 | ② | 00円／㎡ |
| その建物の床面積（延べ床面積）（注2） | ③ | ㎡ |
| その建物の取得価額 | ④ | （②×③）　円 |

(注1)　建築年月日や建物の構造は、お売りになった建物の登記事項証明書で確認できます。
(注2)　建物がマンションである場合の床面積は、その専有部分の床面積によっても差し支えありません。

(2)　売却した建物が、その購入時点で中古建物の場合には、(1)の計算に加え、次により取得までの期間に減価した額を計算して、減価償却の基礎となる建物の取得価額を求めます。

| | | |
|---|---|---|
| お売りになった建物をお買いになった日 | ⑤ | 昭和　平成　　年　月　日 |
| その建物の建築年月日（①）からお買いになった日（⑤）までの経過年数（注3） | ⑥ | 年 |
| その建物の償却率（79ページの耐用年数表を参照してください。） | ⑦ | |
| その建物をお買いになった日までに減価した額 | ⑧ | （④×0.9×⑥×⑦）　円 |
| その建物が中古建物の場合の取得価額（※　お買いになった際に増改築されている場合には、その費用をこの価額に加算します。） | ⑨ | （④－⑧）　円 |

(注3)　経過年数の6か月以上の端数は1年とし、6か月未満の端数は切り捨てます。

| 建築年＼構造 | 木造・木骨モルタル | 鉄骨鉄筋コンクリート | 鉄筋コンクリート | 鉄骨 |
|---|---|---|---|---|
| 平成11年 | 159.3 | 220.9 | 197.9 | 139.4 |
| 12年 | 159.0 | 204.3 | 182.6 | 132.3 |
| 13年 | 157.2 | 186.1 | 177.8 | 136.4 |
| 14年 | 153.6 | 195.2 | 180.5 | 135.0 |
| 15年 | 152.7 | 187.3 | 179.5 | 131.4 |
| 16年 | 152.1 | 190.1 | 176.1 | 130.6 |
| 17年 | 151.9 | 185.7 | 171.5 | 132.3 |
| 18年 | 152.9 | 170.5 | 178.6 | 133.7 |
| 19年 | 153.6 | 182.5 | 185.8 | 135.6 |
| 20年 | 156.0 | 229.1 | 206.1 | 158.3 |
| 21年 | 156.6 | 265.2 | 219.0 | 169.5 |
| 22年 | 156.5 | 226.4 | 205.9 | 163.0 |
| 23年 | 156.8 | 238.4 | 197.0 | 158.9 |
| 24年 | 157.6 | 223.3 | 193.9 | 155.6 |
| 25年 | 159.9 | 256.0 | 203.8 | 164.3 |

　　　土地購入代金　40,000,000円 − 10,332,000円 = 29,668,000円

（2−2）（Bの計算表(2)の各欄は次のとおり）

⑤　平成10年5月10日

⑥　13年

⑦　0.015（70年）

⑧　1,813,266円

⑨　(④−⑧)　8,518,734円

　　　建物購入代金　8,518,734円

　　　土地購入代金　42,000,000円 − 8,518,734円 = 33,481,266円

（2−3）

Ⅰ　譲渡収入（売却代金）　41,800,000円

Ⅱ　取得費

(1)　建物取得費

　①建物購入代金　8,518,734円

　②減価償却相当額（平成10年5月から平成27年7月までの経過年数17年）　8,518,734円 × 0.9 × 17年 × 0.015 = 1,955,049円

　③取得費　①−② = 6,563,685円

(2)　土地購入代金　33,481,266円

(3)　(1)+(2) = 40,044,951円……取得費

Ⅲ　譲渡費用　1,400,000円

Ⅳ　譲渡所得　Ⅰ−(Ⅱ+Ⅲ) = 355,000円（千円未満切捨て）

長期譲渡と短期譲渡

# 所有期間によって税率は異なる

## 長期譲渡所得と短期譲渡所得の区分

土地や建物を譲渡した場合の譲渡所得は、所有期間が5年を超えている場合を「**長期譲渡所得**」、5年以内の場合を「**短期譲渡所得**」といい、長期か短期かによって税率が異なります。

所有期間が5年を超えるかどうかは、取得日から譲渡日までの所有期間ではなく、**取得日から譲渡日の属する年の1月1日現在までの所有期間**で判定します。

## 「取得日」「譲渡日」の判断はどうする?

それでは、いつをもって「**取得日**」あるいは「**譲渡日**」とするのでしょうか?

どちらも、原則として「**資産の引渡しがあった日**」とされていますが、「**売買契約を締結した日**」を取得日とすることも認められています。

「資産の引渡しがあった日」とは、使用収益が開始できるようになったときであり、一般的には「**残金決済をした日**」と考えればいいでしょう。

ただし取得日については、建物を建築会社に請け負わせて新築したときは、売買契約をした日ではなく、建物が完成して、その引渡しを受けた日を取得日としなければなりません。また、建設途中のマンションや建売住宅を買った場合も同様に、建物が完成してその引渡しを受けた日が取得日になります。

売買契約日と引渡し日が年をまたいだ場合は、どちらか有利なほうを譲渡日、取得日とすることができます。また、取得日は売買契約締結日、譲渡日は資産の引渡しがあった日と、異なる基準を採用することも可能です(次ページの図参照)。

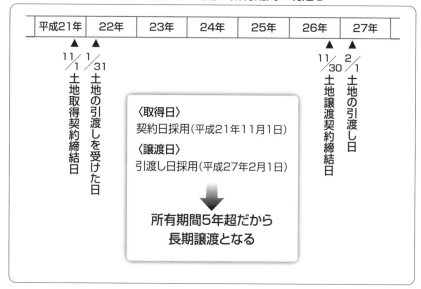

## 長期譲渡所得と短期譲渡所得の税率

　長期譲渡所得と短期譲渡所得の税率は、所得税、住民税に分けると、下表のように異なっています。

　なお、平成25年から平成49年まで東日本大震災に伴う復興特別所得税として、所得税の2.1％が増税されており、下表は復興増税込みの税率です。

※以後、本書においては税率に関するものはすべて復興増税込みの税率で説明します。

●長期譲渡所得と短期譲渡所得の税率表●

|  | 所有期間 | 税率（所得税） | 税率（住民税） | 合計税率（譲渡税） |
|---|---|---|---|---|
| 長期譲渡所得 | 譲渡した年の1月1日の所有期間が5年を超えている場合 | 15.315% | 5% | 20.315% |
| 短期譲渡所得 | 譲渡した年の1月1日の所有期間が5年以内の場合 | 30.63% | 9% | 39.63% |

※所得税と住民税の税率を合計して、「長期譲渡所得の税率は20.315％」、「短期譲渡所得の税率は39.63％」という言い方をするのが一般的です。

## 3-8 相続・贈与により取得した不動産の売却は取得日、取得費を引き継ぐ

取得日・取得費の特例

### 短期譲渡は譲渡税が高い

「4年前に父から相続で取得した土地を1億円で売却しようと思っているのですが、所有期間が5年以内だと短期譲渡となって譲渡税の税率が39.63％になってしまうと聞いています。もし1億円で売却したら、4,000万円近い譲渡税がかかってしまうのでしょうか？ それならば5年を超えるのを待ってから売却したほうがトクでしょうか？」という相談を受けることがあります。

**相続で取得した資産については、前所有者の取得日、取得費を引き継ぐ**ことになっています。したがって、この質問のケースであれば、父がいつ、いくらで取得していたかによってその取得日、取得費を引き継いで計算することになります。

---

**事例**

上記のケースで、父が15年前に9,000万円でこの土地を取得していたとしたら、譲渡税はいくらになりますか？（計算の便宜上、譲渡費用は考慮しない）
（解答）
①譲渡収入　1億円
②取得費（父の購入価額を引き継ぐ）
　　　　9,000万円
③長期譲渡所得（父の取得日を引き継ぐので所有期間5年超）
　①－②＝1,000万円
④譲渡税（所得税と住民税の合計額）
　　　1,000万円×20.315％＝203万1,500円
（注）　実際の譲渡税の計算では、所得税・復興特別所得税と住民税は別々に計算されます。

---

※相続で取得した不動産を売却した場合は、譲渡税が安くなる場合があります（相続税の取得費加算の特例。162ページを参照）。

## こんなケースは取得日、取得費が実際と異なる

取得日や取得費が実際の取得日、取得費と違うおもなケースは次のとおりです。

### 1　相続・贈与により取得した場合

①取得日

被相続人（死亡した者）または贈与者のその資産の取得日を引き継ぎます。

②取得費

被相続人または贈与者がその資産を取得したときの価額を引き継ぎます。

### 2　交換特例、収用等による代替資産の買換え特例を適用して取得した場合

①取得日
- 交換の場合は、交換譲渡した従前の資産の取得日を引き継ぎます。
- 収用等の場合は、収用等をされた従前の資産の取得日を引き継ぎます。

②取得費
- 交換の場合は、交換譲渡した従前の資産を取得した際の価額を引き継ぎます。
- 収用等の場合は、収用等をされた従前の資産を取得した際の価額を引き継ぎます。

### 3　買換え特例（居住用資産の買換え、事業用資産の買換え等）を適用して取得した場合

①取得日
- **実際の取得日**となります（引き継ぎ規定はないのでご注意ください）。

②取得費
- 買換え前の資産を取得した際の価額を引き継ぎます。

## 3-9 親族間や同族会社との間での不動産売買は要注意

低額譲渡となるとき

### 低額譲渡は贈与とみなされる

　法律の形式上では贈与という形をとっていない場合でも、実質的に贈与と同じとみなして贈与税をかけられるケースがあります。

　この典型的なケースの1つが、親子や兄弟などの特殊関係者の間での資産の売買です。

　たとえば、時価3,000万円の土地を、1,000万円で親が子に売ったとします。この場合、たとえ売買契約書も作り、所有権移転登記をきちんと行なったとしても、つまり贈与という形式ではなく売買契約という形式をとっても、時価との差額2,000万円が贈与とみなされ、子供に贈与税が課税されることになります。

　このような売買のことを「**低額譲渡**」とよんでいます。「低額譲渡」について、相続税法では「著しく低い価額」で売買した場合に課税すると規定しているのですが、どのくらいが「著しく低い」と判断されるのかは難しいところです。

　通常、「時価」がみなし贈与課税の場合の基準になりますが、ここでいう時価は、相続税評価額（路線価）ではなく「**通常の取引価格**」とされています。

　これは、いわゆる「実勢価格」といわれるもので、私たちがよく口にする「相場」と同じと考えていいでしょう。

　相場には幅があるものですが、税法でいうところの時価より「著しく低い価額」の幅の限度は、世間相場の2割程度と考えるのが妥当なところではないかと思われます。つまり、世間相場が3,000万円だと2,500万円くらいから税務否認を受ける可能性が高くなってくると考えられます。

　よく「親（または兄弟）から土地を買うのですが、いくらで購入すれば贈与といわれないでしょうか？」という質問を受けますが、「著しく低い価額」の明確な判断基準はないので、世間相場より安く売買すれば

●時価3,000万円の土地を1,000万円で譲渡すると●

するほど、税務否認を受ける可能性が高くなってくると考える必要があるでしょう。

なお、低額譲渡と認定された場合は、購入者が贈与とみなされた金額に対して贈与税を払うわけですが、譲渡者はその実際の譲渡価額に対して譲渡税が課税されることになります。

### 法人に対する低額譲渡はダブルパンチとなる

会社の社長が、自分の所有する土地を自分の経営する会社に売却したとします。先ほどの例でいえば、時価3,000万円の土地を1,000万円で社長が会社に売却した場合には、会社は時価との差額2,000万円を社長から経済的利益を受けたとして課税されることになるわけです（法人には贈与税がないので、2,000万円の受贈益があったとして法人税等が課税されます）。

それでは、時価3,000万円の土地を1,000万円で会社に売却した社長の譲渡税の計算はどうなるのでしょうか？

先ほどの父子の例では、父は実際の売却価額1,000万円に対して譲渡税を計算すればよかったのですが、「**法人に対して時価の2分の1より低い価額で譲渡した場合は時価で譲渡したものとする**」と規定されているので、社長は実際に受け取る金額が1,000万円でも、3,000万円で売却したものとして譲渡税を計算することになります。このケースではまさに税金のダブルパンチとなってしまうのです。

**コラム** 交換契約書に貼る印紙代を節約しよう

　不動産の交換契約書も不動産売買契約書と同じ扱いで、印紙を貼らなくてはいけません（10ページを参照）。この場合の印紙税についての取扱いは次のとおりです。

例１）Ａ土地とＢ土地を１億円として等価交換を行なった。
　　①契約書に１億円と記載あり――30,000円
　　②契約書に金額の記載がなく「等価」とのみ記載あり――200円

例２）　Ａ土地（１億円）とＢ土地（9,000万円）について、交換
　　　差金を1,000万円として交換を行なった。
　　①契約書にＡ土地１億円、Ｂ土地9,000万円、交換差金1,000
　　　万円と記載あり
　　　　――30,000円（高い金額１億円により判断）
　　②契約書に差金1,000万円のみ記載あり――5,000円

　以上のとおり、等価交換の場合、金額の記載をしないほうが、また、交換差金のある交換の場合は、交換差金のみの記載をしたほうが印紙税は節約できます。

# 第4章

# マイホームを売るときに知らないとソンする特例

3,000万円控除、軽減税率、買換え特例制度の概要

# マイホームを売却して利益が出た場合には特例がある

## マイホームを売却した場合の特例とは

マイホームを売却した場合の特例は、「3,000万円控除」とよばれるものと、「買換え特例」とよばれるものとの大きく2つに分かれます

これは**両方を受けられるのではなく、どちらかの選択**となります。

マイホームを売却して利益が出た場合、3,000万円控除は所有期間や居住期間に関係なく受けることができますが、買換え特例は所有期間や居住期間が10年を超えていなければ受けられないとなっており、3,000万円控除より要件が厳しくなっています。

## 「3,000万円控除」と「軽減税率」の概要

不動産を売却した場合は、譲渡所得(**利益**)に対して譲渡税(所得税および住民税)がかかるわけですが、マイホームを売却した場合は、その利益から3,000万円を引いてあげようというのが3,000万円控除の特例です。

この**3,000万円控除**は、売却した不動産がマイホームであれば所有期間や買換えの有無にかかわらず適用を受けることができるので、売却後に新たな住まいを購入しようが、借家住まいになろうが、売却後の制約なく適用を受けることができます。

マイホームを売却した利益から3,000万円を控除してもなお、利益が残る場合には、当然その利益には譲渡税が課税されるのですが、その売却したマイホームの所有期間が10年を超えていると、通常より税率が低くなります(3,000万円控除後の利益のうち6,000万円までは所得税10.21％、住民税4％の合わせて14.21％)。この場合の税率の特例を「**軽減税率**」とよんでいます。

## 「買換え特例」の概要

「買換え特例」とは、一定の要件を満たすマイホームを売却して、新

### ●マイホームを売却したときの特例選択のフローチャート●

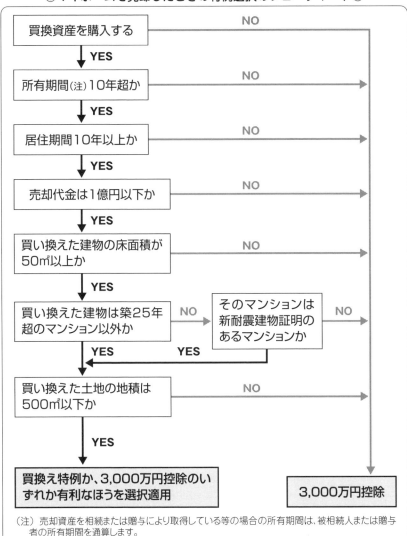

（注）売却資産を相続または贈与により取得している等の場合の所有期間は、被相続人または贈与者の所有期間を通算します。

たなマイホームに買い換えた場合に、売却価額と新たなマイホームの購入価額との差額だけを譲渡税の対象とするという制度です。

したがって、売却代金よりも買換資産の購入価額のほうが高い場合は譲渡税が０となり、売却代金よりも買換資産の購入価額のほうが安い場合はその差額に譲渡税が課税されますが、その差額に対しては軽減税率を適用することはできません。

● マイホームを売却したときの軽減税率 ●

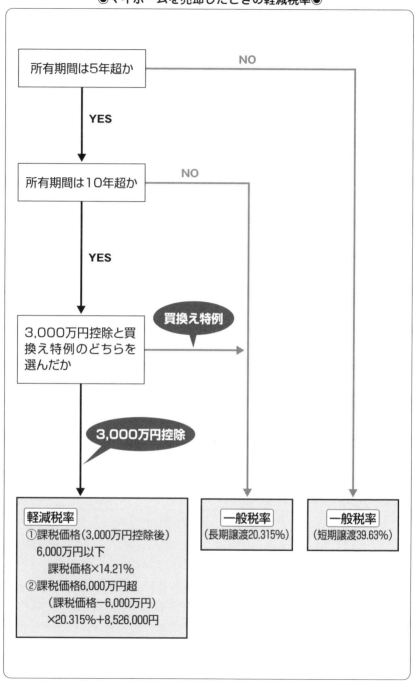

3,000万円控除のしくみと利用法①

# 引っ越し後だいぶ経っての売却でも適用できる？

### 🏠 売却した不動産は確かにマイホームか

　3,000万円控除で一番問題になるのは、売却した不動産が「マイホームの売却」といえるのかどうかという点です。

　「現在の家に引っ越してきてから1年ほどになるのですが、前に住んでいた家を賃貸しようとしてもなかなか借り手がつかないのでこの際、思い切って売却しようと思います。自宅を売却した場合は3,000万円控除が受けられるとのことですが、元の自宅を売却しても3,000万円控除が受けられるのでしょうか？　また、元の自宅の近所の人が『自分の家を建て替える間だけ短期的に貸してほしい』と相談にきているのですが、たとえ短期間でも元の自宅を賃貸してしまったら当然3,000万円控除は受けられなくなりますよね？」といった質問を受けることがあります。

　3,000万円控除は、「**居住しなくなった日から同日以後3年を経過する日の属する年の12月31日までの間に売却した場合**」には適用するとされていますので、引っ越してから3年目の12月31日までに売却すれば、3,000万円控除が受けられることになります。

　なお、この場合の元の自宅は、その居住しなくなったあとで**どのような用途に使用していても**、居住用の特例が適用されることになっています。

　したがって、引っ越した後、元の自宅を貸家として貸し付けていたとしても、引っ越した後3年目の12月31日までに売却すれば、3,000万円控除が適用できるわけです。

### 🏠 元のマイホームを取り壊した場合の3,000万円控除は要注意！

　ここで注意したいのは、居住用の特例はすべて**家屋**を中心に考えているということです。

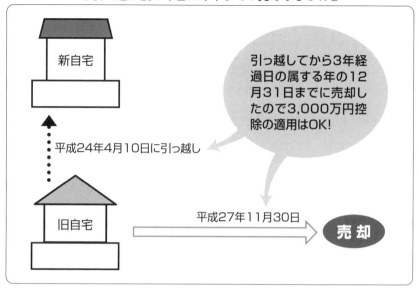

　したがって、転居後に元の自宅建物を取り壊してしまった場合、その後、土地だけの売却で3,000万円控除の適用が受けられるかどうかという点については注意が必要です。

　この場合、家屋を取り壊してから土地のみを売却する場合であっても、その取り壊した日から1年以内に売却すれば、3,000万円控除が受けられることになっています。

　しかし、建物付きで売却する場合は、転居後どのような用途に使用していても3,000万円控除の対象になるのに対して、建物を取り壊してしまった場合は、取り壊し後の土地を駐車場で賃貸するなど"貸付その他の用途"に使用した場合は、その時点で3,000万円控除は受けられなくなってしまいます。

　なお、家屋を取り壊した後の1年以内の売却は、取り壊し後1年以内にその土地の売買契約が締結されていればいいということになっているので、取り壊し後1年以内に売買契約が締結されていれば、引渡しが1年を経過しても3,000万円控除は受けられることになります。

　また、災害により滅失した自宅の敷地については、たとえ敷地のみの譲渡であっても、家屋がある場合と同様に扱われます。

## 4-3 3,000万円控除のしくみと利用法②

# 住んですぐに引っ越した場合も自宅といえるのか

### 🏠 購入してすぐに売却したときの3,000万円控除

「実は現在住んでいるマンションは、3か月ほど前に購入して住みはじめたばかりなのですが、運悪く私が勤めている会社の社内人事で、東京から大阪に転勤することになってしまいました。不動産屋さんに確認したところ立地がよかったせいか、購入して間もないのに購入したときよりも高く売却できるとのことです。自宅の売却として3,000万円控除の適用ができれば税金はかからずに済むようですが、住みはじめてすぐの売却ということで、3,000万円控除が使えなければ、短期譲渡として39.63％の譲渡税が課税されると聞いています。

3,000万円控除が適用できるのならば、この際、売却してしまおうと思っているのですがどうでしょうか？」

結論からいえば、このようなケースの場合であっても3,000万円控除は適用できます。

3,000万円控除が適用できるかどうかには、居住期間は関係ないので、このように居住期間が短期間であったとしても、3,000万円控除の適用には問題はありません。

### 🏠 このような場合は居住用とは認められない

3,000万円控除が適用できないケースは、「この特例を受けるためのみの目的で入居したと認められる場合」や「一時的な目的で入居したと認められる場合」ですので、前述の事例のような場合は適用できるということになるわけです。

もっとも、このケースのように購入してすぐに売却した場合は利益が出るより損失となるほうが多いと思います。

損失が出た場合、「売却して赤字となったのだから、税金が安くなる

のではないか？」という質問を受けることが多いのですが、残念ながら不動産を売却した場合の赤字は、他の不動産を売却した利益がある場合にその利益と通算できるだけで、原則として切捨てとなっていますので、所得税等が安くなるということはありません（134ページで詳しく説明しますが、所有期間が5年を超えるマイホームの売却の赤字で一定の要件を満たすものは、所得税等が安くなる特例があります）。

## やむを得ず短期間の居住で売却したときの3,000万円控除

短期間の居住でも利益が出るケースとして、次のような事例の場合はどのように取り扱われるのでしょうか。

「今まで賃貸していた家がちょうど空き家となりました。今まで住んでいるところよりも通勤の便がいいのでこの賃貸していた家に引っ越したのですが、運悪く居住しはじめてから3か月目で東京から大阪に転勤することになってしまいました。また賃貸に出すのも面倒なので、売却してしまったのですが、もともとこの家と敷地は20年ほど前に父親から相続したものなので、今回の売却で5,000万円ほどの利益が出ました。短期間とはいえ私が住んでいたわけですから、3,000万円控除が受けられると思うのですが、どうでしょうか？」

初めの事例で説明したとおり、3,000万円控除の適用には居住期間は関係ありませんので、このような場合でも当然、3,000万円控除が適用できます。

ただし、「**この特例を受けるためのみの目的で入居したと認められる場合**」は、3,000万円控除は受けられないとされているので、この事例のようなケースは課税当局から、「**この特例を受けるためのみの目的で入居したと認められる場合**」に該当するのではないかとの疑いをかけられやすいので、居住から売却にいたった経緯を客観的に説明できるようにしておいたほうがいいでしょう。

## 3,000万円控除のしくみと利用法③

# 住民票があれば自宅と認められるのか

### 悪質な脱税行為は重加算税の対象に

次のような相談事例の場合は居住用の特例が受けられるのでしょうか？

「実は、今まで賃貸していた家が空き家となってしまいました。この家と土地は10年ほど前に父親から相続したものなのですが、父親が昭和40年ごろに土地を購入して家を建てたものなので、建物も相当、老朽化していてかなり手直しをしなければ借り手はつかないと思います。この際、売却してしまおうと思って不動産屋さんに確認したところ、結構いい値で売却できそうです。

頭が痛いのは税金の問題で、いい値段で売れる分利益も大きいのでかなりの税金がかかってきそうです。私の知人から『売却する前に住民票をこの空き家に移してしまって自宅として売却すれば、3,000万円控除が使えるから、利益が3,000万円までなら税金を払わなくてもよくなるぞ』というアドバイスを受けたので、住民票を移してから売却しようと思っています。この売却についての確定申告は自宅を売却したものとして申告したいと思っているのですが、何か問題はありますか？」

この相談例は、そもそも自宅ではないものを自宅とウソをついて申告するものですから、3,000万円控除が適用できないだけでなく、悪質な脱税行為として本来の税金のほかに罰金（重加算税）が35～40％増しでかかることになります。

### 特例を受けるためのみの目的での入居は、居住期間に関係なく自宅とは認められない！

このように説明すると、人によっては、「それでは実際に半年ほどこの家に住んでから売却すれば、3,000万円控除が適用できるのではないですか？」と反論される人がいます。

前項でも説明したとおり、「この特例を受けるためのみの目的で入居

したと認められる場合は 3,000万円控除は適用できない」とされているので、たとえ半年居住してから売却したとしても「この特例を受けるためのみの目的で入居したと認められる場合」に該当することになり、3,000万円控除は適用できません。

ここまで説明しても、さらに「理屈ではわかりますが、実際に住むわけですから、特例を受けるためのみの目的であるとは税務署も断言することはできないのではないですか？　半年でダメならどれぐらい住めば大丈夫なのでしょうか？」と尋ねる人がいます。

たしかに、このような問題は「事実認定」といいまして、本当はどうだったのか（真実は何か）という問題になります。

税法では、「この特例を受けるためのみの目的で入居したと認められる場合」は適用しないといっている以上、たとえ1年居住したとしても、もともとの居住目的が特例適用のためですから、3,000万円控除は受けられません。どれだけ居住すればいい、というものではないのです。いずれにしても、そもそもの動機が特例適用目的である以上、たまたま、税務否認を受けなかったとしても、たとえが悪いですが"ドロボウをしてもつかまらなかった"のと同じことですので、あまり変なことは考えないようにしたほうがいいでしょう。

なお、「一時的な目的で入居したと認められる場合」も3,000万円控除が適用できないことになっていますが、これは「老朽化した自宅を建て直すために、それまで他人に貸し付けていた家屋から借家人に立ち退いてもらって、そこを建替え期間中の仮住まいとし、建替え完了後にその仮住まいを売却する」といった場合が該当することになります。

## 住民票が別の場所にある場合はどうなる？

次の相談事例の場合はどうでしょうか？

「私は昭島市に居住しているのですが、住民票は便宜上、立川市にある私の経営する会社の所在地にあります。実は、昭島市にある自宅を売却する予定です。3,000万円控除の特例を適用するためには確定申告書に住民票を添付しなければならないと聞いていますが、私は3,000万円

控除が受けられないのでしょうか？」

　居住用の特例の対象となる自宅かどうかは、住民票のある・なしではなく、現実にその家に住んでいたのかどうかによって判定します。

　したがって、住民票が違う場所にあるからといって3,000万円控除が適用できないわけではありません。

　とはいっても、現に居住している住所に住民票がない場合は、その場所に居住していたという事実を自ら証明しなければなりません。

　住民票の添付ができない場合は、次の書類を確定申告書に添付することになっています。

①譲渡者の戸籍の附票の写し（自宅を譲渡した日から2か月を経過した日後に交付されたものに限ります）
②譲渡者がその譲渡した自宅の所在地の市区町村に住民票をおいていなかった事情の詳細を記載した書類
③譲渡者が、その譲渡した自宅に居住していた事実を明らかにする書類

　つまり、上記②と③は、なぜ住民票がなかったかについて詳細な説明書を作成し、そこに住んでいたことを自分自身で証明しろということなのです。

　そこで通常は、電気、ガス、上下水道、電話等の公共料金の支払い状況による説明や、その自宅に届いた手紙やはがき類、近所の人の証言などを元に証明書類を作成して申告することになります。

3,000万円控除のしくみと利用法④

# 親子間の売買でも3,000万円控除は適用できるのか

## 親子間売買の問題点

次のような相談事例について検討してみましょう。

「私はこのたび会社を定年退職したので、現在住んでいる自宅を売却して、郷里の九州で引退後の生活を送ろうと思っています。

ついては、息子が東京で働いているので、息子に自宅を売却しようと思っています。

もともとこの自宅は、25年ほど前に1,500万円で購入した建売住宅ですが、不動産屋さんに確認したところ、現在の相場は4,000万円ぐらいだそうです。ただし、売却相手が息子なので、相場より安くして2,500万円程度で売却したいと思っています。

自宅の売却については、利益から3,000万円を控除できると聞いているので、譲渡税はかからないと思うのですがどうでしょうか？」

この相談には2つの問題があります。1つは、配偶者、直系血族など、**特殊関係者に譲渡した場合は居住用の特例は適用されない**ということです。

もう1つは、88ページで説明したとおり、時価よりも著しく低い価額で売却した場合は、時価との差額を贈与とみなして贈与税が課税されるということです。したがって、この相談のケースでは、売却した父親には、息子に売却した2,500万円から取得費・譲渡費用の必要経費を引いたあとの利益に対して譲渡税が課税され、購入した息子には、時価4,000万円と購入金額2,500万円との差額1,500万円に対して贈与税が課税されることになります。

## 居住用の特例が適用されない特殊関係者とは

自宅を売却した相手が、次に掲げる「特殊関係者」の場合には、居住用の特例は適用されないことになっています。

【特殊関係者とは】

> ①配偶者および直系血族
> ②次に掲げる①以外の親族(民法で定める親族をいう)
> 　イ　生計を一にしている親族
> 　ロ　売却後にその所有者とその家屋に同居する親族
> ③内縁関係者
> ④その所有者の使用人等
> ⑤所有者やその特殊関係者が支配する会社　など

なお、娘婿に売却したいという相談も多いのですが、娘婿に売却する場合は、上記②に該当しなければ、3,000万円控除は適用できます。

●親族への売却で3,000万円控除は適用になるか●

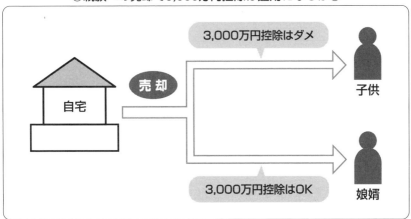

## 3,000万円控除は3年に1回しか受けられない

「3,000万円控除の特例」は、前年または前々年において、「3,000万円控除の特例」または後述する「居住用財産の買換えの特例」や「赤字の場合の繰越控除の特例」の適用を受けている人には適用がありません。

つまり、一度、居住用の特例の適用を受けた場合には、適用を受けた年を含めて3年間は特例適用がないので、再び受けられるのは4年目以降ということになります。

## 4-6 3,000万円控除のしくみと利用法⑤

# 単身赴任者の自宅はどこにある？

### 🏠 単身赴任者の場合はどこが自宅なのか

次のような相談事例について検討してみましょう。

「私は5年前に東京に転勤になって以来、単身赴任で東京の社宅に住んでいます。私が東京に転勤になってからは、転勤になる前に住んでいた大阪の自宅には、妻と子供が引き続き住んでいます。

この大阪の住まいは、私の持ち家なのですが、東京勤務が長引きそうなので、この際、大阪の家を売却して、妻と子供を東京に呼び寄せて家族一緒に住もうと思っています。

大阪の家を売却した場合は、自宅の売却として3,000万円控除を適用できるのでしょうか？」

このような場合の取扱いは、「**転勤等の事情が解消した場合は、妻子と起居を共にすることと認められる家屋はその者の居住用の家屋に該当する**」とされているので、3,000万円控除の適用はできることになります。

また、自分の赴任地に妻子を呼び寄せた後で、その妻子が居住していた家屋を売却したような場合も、「**その妻子が居住しなくなった日から同日以後3年を経過する日の属する年の12月31日までの間に売却した場合**」に該当すれば、3,000万円控除の適用が受けられることになります。

つまり、転勤等のために所有者本人が居住していなくても、妻子が居住の用に供している家は本人にとっても居住の用に供している家として、取り扱われるということになるわけです。

### 🏠 単身赴任先も本人の持ち家の場合はどうなる？

先ほどの事例は、単身赴任先で社宅に入居しているというケースでしたが、もし、単身赴任先の東京でマンションを購入して暮らしていた場合はどうなるのでしょうか？

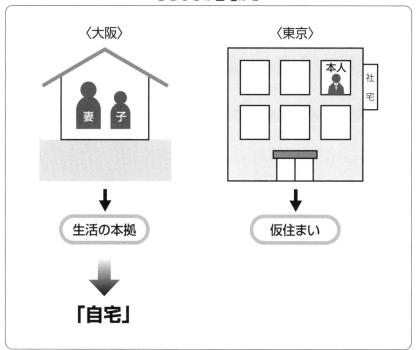

●どちらが自宅か●

　単身赴任者が、赴任地において自己の居住のためにマンションを購入して一人暮らしをしている場合では、その人は自宅を2つ所有することになってしまいます。しかしこのような場合は、「その者が主として自宅の用に供している一の家屋のみが居住用家屋に該当する」とされています。

　したがって、一般的には、単身赴任により自分は別の場所に居住していても、生活の本拠は妻子が居住している場所となるので、通常は妻子の居住している家屋が所有者本人にとっての自宅ということになります。

## 3,000万円控除のしくみと利用法⑥

# 同一敷地内に親世帯と子世帯の建物がある場合は

### 🏠 2棟の建物が"一の家屋"と認められない場合

　下図のように、同一の敷地の上に建物が2つ建っていて、A建物には親夫婦が居住し、B建物には子供夫婦と孫とが居住しているということがよくあります。

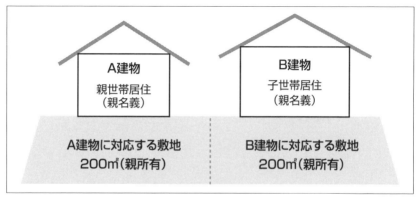

　このようなケースでは通常、A建物およびそれに対応する敷地については3,000万円控除の適用が受けられますが、B建物およびそれに対応する敷地には居住用の特例は適用されません。

　税法の規定では、「その者が主として居住の用に供していると認められる**一の家屋**」のみが、特例対象となる家屋とされているからです。

　たとえば、子供が高校生になって家が手狭になったため、母屋とは別に離れとして勉強部屋を作ったというような場合は、たとえ建物が2棟であっても、「その2棟以上の建物が隣接しており、かつ、これらの建物の構造、設備、規模、家族構成、生計の状況、建物の使用状況等を総合的に勘案して、その2棟以上の建物が一体のもの」であれば、これらは"一の建物"として取り扱われます。

　一般的には、生計を一にする子供や両親の離れ等は、母屋と一体のものとして取り扱われますが、離れに別居している両親等が独立した生計

を営み、さらに母屋と別棟の**それぞれが**独立した**居住用家屋**（玄関、トイレ、台所、浴室等がどちらの家屋にも備わっており、独立した家屋と認められるもの）とされる場合は、別棟は所有者の居住用家屋とはされません。このように、家屋が2棟以上ある場合は判定が大変難しく、実務的には事実認定がどうなるかということになります。

前ページの図のケースは通常、それぞれが独立した家屋と認定されるものと考えられますので、譲渡税の計算は次のように行ないます。

【計算例】

たとえば、A建物、B建物ともにそれぞれ1,000万円、敷地（400㎡）が1億円で売却されたとします。

その場合は下記の計算例のとおり、売却代金を「A建物およびその敷地」に対応する分と、「B建物およびその敷地」に対応する分とに区分し、それぞれ区分した譲渡収入から、必要経費（取得費および譲渡費用）を控除して、それぞれの譲渡所得を計算します（下記計算例は、土地・建物ともに所有期間10年超として計算しています）。

---

（A建物およびその敷地の譲渡税）
①譲渡収入　1,000万円＋1億円×200㎡／400㎡＝6,000万円
②上記に対応する必要経費　2,000万円とする
③譲渡所得　①－②－3,000万円＝1,000万円
④譲渡税（軽減税率適用）　1,000万円×14.21％＝142万1,000円

（B建物およびその敷地の譲渡税）
①譲渡収入　1,000万円＋1億円×200㎡／400㎡＝6,000万円
②上記に対応する必要経費　2,000万円
③譲渡所得　①－②＝4,000万円
④譲渡税（一般税率適用）
　4,000万円×20.315％＝812万6,000円

（注）　実際の譲渡税の計算では、所得税・復興特別所得税と住民税は別々に計算されます。

---

※子供世帯が居住しているB建物の名義が子供であった場合は、B建物は子供の譲渡税の計算上3,000万円控除の対象になりますが、B建物の敷地に対応する部分は、3,000万円控除（軽減税率を含む）の対象とはなりません。

**3,000万円控除のしくみと利用法⑦**

# 同一敷地内の親・子世帯の建物が一体となっている場合は

### 2棟の建物が一体として利用されている場合（渡り廊下で結合）

　前項のケースで、下図のようにA建物とB建物が渡り廊下で結合されていて、1つの建物として親世帯、子世帯ともその全体を一体として居住の用に供している場合は、通常の1棟の建物と変わるところがないので、売却代金の全部が親の居住用として、居住用の特例の対象となります。

　問題は、A建物が親（甲）の所有でB建物が子供（乙）所有の場合です。甲と乙とが生計を一にしているということであれば、親（甲）はA建物の売却代金と敷地全体について居住用の特例を適用し、子供（乙）はB建物の売却代金について居住用の特例を適用することになりますが、親（甲）と子供（乙）との生計が別の場合は、B建物の敷地に対応する部分については、親（甲）は居住用の特例を適用できないということになります。

## 区分登記されている二世帯住宅の場合

　下図のように1階が親世帯、2階が子世帯、もしくは家屋の左側が親世帯、右側が子世帯といったケースで、区分登記されていて、お互いに中で行き来ができないよう場合はどうなるのでしょうか？

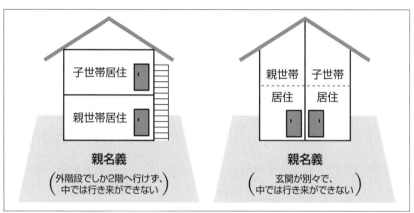

※中で行き来ができなければ、譲渡税を考えるうえでは別々の建物と考えることになりますが、149～150ページで説明するとおり、区分登記か共有登記かで相続税の小規模宅地の減額特例が変わるので、相続税の節税を考えるのであれば、たとえ中で行き来できない建物でも、共有登記にしたほうがいいでしょう。

　この場合は、たとえ建物が1棟であっても106ページの図と同様それぞれが独立した家屋とみなされます。
　つまり敷地については親世帯の居住する建物に対応する部分（建物の面積比により計算）しか3,000万円控除が適用されないことになります。

※子供世帯が居住している建物の区分登記名義（上図の2階部分または家屋の右側部分）が子供であった場合は、子供名義の区分建物の譲渡代金は子供の譲渡税の計算上3,000万円控除の対象になります。

　二世帯住宅の場合は建物の中で行き来ができるか否かがポイントと考えればいいでしょう。

## 4-9 敷地の一部を売却した場合の3,000万円控除は

3,000万円控除のしくみと利用法⑧

### 庭先のみの売却に特例は適用できない

「私の自宅の敷地は全部で90坪あるのですが、ある事情でお金が必要になったものですから、自宅の敷地のうち、建物はそのまま残して住み続け、庭先部分の約40坪を分筆して売却しようと思っています。この場合は、自宅の売却として3,000万円控除の特例は使えるのでしょうか？」といった相談を受けることがあります。

3,000万円控除は家屋を中心として考えているものですから、庭の一部を売却したような場合には当然、特例の対象とはなりません。

また、下図のように家屋の一部を取り壊し、その部分にかかる敷地を売却したような場合も、家屋の残存部分を修理して居住し続ける限りは、その残存部分は機能的に独立した家屋と判断されるので、自宅の売却には該当せず、特例の対象とはなりません。

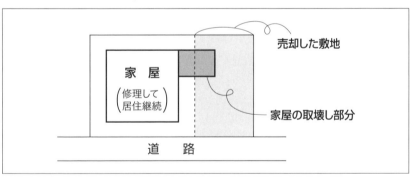

### 敷地の一部を売却して残りの敷地に自宅を建て替える場合

「私の自宅は全部で90坪あるのですが、そのうちの約半分を売却して、その売却代金で自宅の建て替えをしようと思っています。敷地の一部を分筆して売却した場合は、自宅を売却したものとして3,000万円控除の

適用ができるのでしょうか？」といった相談事例の場合はどうでしょう？

先ほどの庭先を売却するのと似ていますが、下の【図1】の場合は、旧家屋が建っていた部分の大部分を売却することになるので当然、売るためにはまず、旧家屋を取り壊したうえで分筆して売却し、売却後に残った部分に新家屋を建てるわけですから、居住用家屋の譲渡として3,000万円控除が適用できます。

【図1】

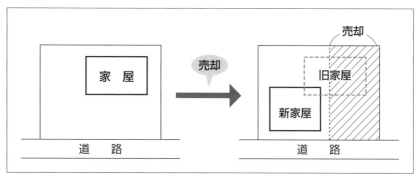

それに対して、【図2】の場合（旧家屋に住んだまま庭先部分を売却し、売却後に旧家屋を取り壊して新家屋に建て替える場合）は、先ほどの庭先売却と同じことになってしまい、3,000万円控除の適用はできません。

【図2】

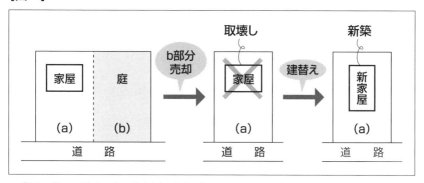

【図3】の場合（旧家屋を取り壊してから、敷地b部分を売却し、残地a部分に新築した場合）は、結果的には【図2】のケースと同じですが、旧家屋を取り壊す手順が違っています。

つまり、まず旧家屋を取り壊して更地としたうえで、分筆して元の庭先だった部分を売却し、その後に新家屋を建て替えているのです。
　このケースの取扱いは微妙なのですが、まず、家屋を取り壊してから賃貸等の他の用途に使用することなく1年以内に売買契約を締結しているという条件を満たしたうえで、その土地を譲渡するためには、居住用の家屋を取り壊す必要があったとされる場合には、3,000万円控除は適用されると考えられます。

【図3】

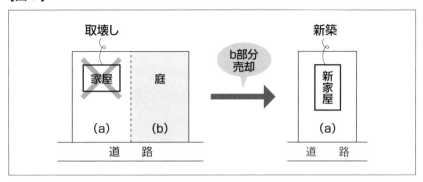

## コラム　「すまい給付金」とは

　住宅ローン控除（36ページを参照）は、支払っている所得税等から税額を控除する制度であるため、じつは収入が低くなるとその恩恵は小さくなります。

　そこで、平成26年4月の消費税5％から8％、さらに平成29年4月の10％への引き上げに伴って、住宅ローン控除の恩恵を十分に受けられない収入層の方などに対して、住宅ローン控除とは別に消費税増税分の負担軽減措置として「すまい給付金」の制度ができました（実施期間は平成26年4月から平成31年6月）。

　給付対象者は、収入金額や家族構成、また住宅の引渡時期によって変わってきますが、たとえば、夫婦（妻には収入なし）および中学生以下の子供2人の世帯では、夫の収入額の目安が、消費税8％時では510万円以下、消費税10％時では、775万円以下の世帯が対象になるようです。また、給付額は消費税8％時では収入に応じて10万〜30万円、消費税10％時では10万〜50万円が給付されます。

　この給付は、申請して初めてもらえる制度ですから知らないとソンしてしまいます。また、取得する家屋の要件などがあるので、より詳細な内容を知りたい人は、国土交通省のホームページの「すまい給付金」をご確認ください。

住宅ローン控除の恩恵を十分に受けられない人が、申請することによって給付を受けられます。

## 4-10 3,000万円控除のしくみと利用法⑨
# 自宅敷地を分割して別々に売却したとき、店舗併用住宅を売却したとき

###  大きすぎる自宅を分割して売却した場合は

次のような相談事例の場合はどうなるのでしょうか？

「購入してから30年になる自宅を現在売りに出しているのですが、なかなか買い手がつきません。不動産屋さんは、『敷地が85坪と広いので、売却金額全体が高くなってしまい買い手を見つけるのが難しい状況です。敷地を2分割して売却するようにしたら、それぞれの敷地が手ごろな大きさと買いやすい価額になるので早く売れると思いますよ』というアドバイスをしてくれているのですが、別々に売却した場合には、3,000万円控除の特例や軽減税率はどうなるのでしょうか？」

たとえば、敷地全体では大きすぎてなかなか売れないため、敷地をA敷地（庭部分）とB敷地（家屋が建っている部分）に分割して、甲にA敷地（庭）を売却し、乙に建物とB敷地を売却することとします。

この場合、原則としては、甲に対するA敷地の譲渡は庭先の売却であるため、居住用の譲渡ではなく一般譲渡となります。一方、乙に対する居宅とその敷地の譲渡は、3,000万円控除（および軽減税率）の対象になる譲渡となります。

しかし、もともと自宅とその敷地を全部売却しようとしていたのに、大きすぎてなかなか買い手がつかなかった結果、敷地を分割して甲、乙の2人に売却したものであり、全体を売却しようという一連の行為として行なったわけです。

このような場合は、次の条件を満たせば、全部の譲渡について一連の居住用の譲渡として、居住用の特例を適用することができます。
①自宅の全部を売却する計画であったこと
②同一年中にすべての譲渡が完了していること

## 店舗併用住宅でも3,000万円控除は受けられるか

　3,000万円控除は、マイホームについての特例です。したがって、店舗兼住宅のように自宅と店舗等（賃貸を含む）を併用している場合には、**自宅（居住用）部分だけが「特例」の対象**となります。

　したがって、このような建物（その敷地を含む）を売却した場合には、その売却代金を居住用部分と事業用部分とを使用面積によりあん分して、居住用部分の売却代金と事業用部分の売却代金とに区別しなければなりません。

　たとえば、店舗と住居とが半々の割合で利用されていたような場合には、売却代金の半額が居住用財産の譲渡にかかるものとして、「3,000万円控除の特例」の適用対象となります。

　なお、居住用以外の部分の使用面積が全体の10％未満であるような場合は、その家屋（敷地を含む）の全部が居住の用に供されていたものとして取り扱われます。

（注）　店舗やアパートなどの事業用部分については、一定の条件を満たせば第6章で説明する「特定の事業用資産の買換え特例」を受けることができます。

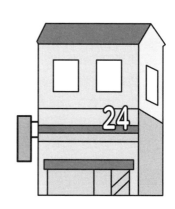

**3,000万円控除のしくみと利用法⑩**

# 夫婦共有の場合は3,000万円控除がダブルになる

## 🏠 3,000万円控除がダブルになるのは、土地建物とも共有の場合

　夫と妻が家屋と敷地をそれぞれ2分の1ずつ所有している等、マイホームを共有名義としている場合には、夫と妻各々についてそれぞれの譲渡所得から3,000万円控除が受けられます。

　したがって、所有者が1人であれば、控除額の限度が3,000万円であるのに対して、夫婦共有の場合には、夫婦2人合わせて3,000万円控除の**限度額が6,000万円**となるわけです（次ページ図を参照）。

　「夫婦共有の場合には3,000万円控除がダブルになる」という話をすると、「今、自宅を売りに出しているのですが、この自宅は土地建物とも夫である私の名義です。結婚20年以上の夫婦間であれば、自宅を2,000万円まで贈与しても贈与税がかからないと聞いたのですが、それならこの自宅の土地建物の相続税評価額がおよそ6,000万円ということなので、3分の1を妻に贈与してから売却すれば、私も妻も3,000万円控除が適用できることになり、譲渡税がだいぶ安くなると思うのですが、いかがでしょうか？」とおっしゃる人がいます。

　このような場合は、妻に贈与することは可能ですが、「贈与税の配偶者控除の特例」は適用できません。67ページで説明したとおり、贈与税の配偶者控除の適用を受けるためには、「**贈与を受けた後も引き続き居住し続ける予定であること**」という要件が入っています。

　売却して3,000万円控除を受けるために贈与をする場合は、「贈与税の配偶者控除」の適用要件である、「その後引き続き居住のように供する見込みであること」に該当しないので、その贈与には贈与税の配偶者控除の特例は適用されないことになります。

●土地建物全体の譲渡所得が8,000万円のときの3,000万円控除の適用●

**1 共有持分が2分の1ずつの場合**

|  | （夫） | （妻） |
|---|---|---|
| 譲渡所得（利益） | 4,000万円<br>(8,000万円×1/2) | 4,000万円<br>(8,000万円×1/2) |
| 特別控除 | △3,000万円 | △3,000万円 |
| 課税所得 | 1,000万円 | 1,000万円 |

**2 共有持分が夫4分の3、妻4分の1の場合**

|  | （夫） | （妻） |
|---|---|---|
| 譲渡所得（利益） | 6,000万円<br>(8,000万円×3/4) | 2,000万円<br>(8,000万円×1/4) |
| 特別控除 | △3,000万円 | △2,000万円 |
| 課税所得 | 3,000万円 | 0 |

## 3,000万円控除のしくみと利用法⑪

# 夫が土地を、妻が家屋を所有している場合はどうなる？

### 🏠 夫婦合わせて3,000万円控除が限度

「3,000万円控除の特例」は、家屋を中心に考えられているので、家屋と敷地の所有者が異なる場合には、家屋と敷地が同時に売却されたとしても、敷地の所有者についての売却益は特例の対象とはならないこととされています。

しかし、一般的に、不動産を売却した場合に利益が生ずるのは土地の売却であり、建物の売却については通常、ほとんど利益は生じないため、救済措置として次の条件に該当する場合には、控除額3,000万円をまず建物の売却益に充当し、残額を土地の売却益から控除するという、**土地と建物の双方の所有者を通じて合計3,000万円の控除**が認められています。

ただし、土地と建物の所有者が異なる場合で、土地の所有者にも3,000万円控除が適用になるためには、次の要件を満たす必要があります。

**【土地と建物の所有者が異なる場合で、土地の所有者からも控除ができる場合の要件】**

---

①家屋と敷地が同時に譲渡されていること
②家屋と敷地の所有者が親族関係にあり、かつ生計を一にしていること
③敷地の所有者は家屋の所有者とともにその家屋に居住していること

---

したがって、建物は妻、敷地は夫というような場合は、まず建物の所有者である妻の売却益から3,000万円を控除し、控除しきれない分を敷地の所有者である夫の売却益から控除します。

**「例1」** 売却益（譲渡所得）は8,000万円とし、うち建物の売却益が1,000万円、土地の売却益が7,000万円だった場合の課税所得は？

（※）夫は、妻の3,000万円控除の不足分（3,000万円－1,000万円=2,000万円）しか控除できません。

　なお、息子が父親の土地を無償で借りて建物を建築し、そこに住んでいるようなケースがよくありますが、土地所有者である父親が息子と同居せず、他の場所に住んでいるような場合には、たとえ土地と建物を同時に売却したとしても、父親（土地）の売却益について特例適用はありませんのでご注意ください。

　具体例で示すと「例2」のようになります。

**「例2」** 上記の「例1」で建物が子供所有、土地が父親所有で子供のみが居住している場合の課税所得は？

## 3,000万円控除のしくみと利用法⑫

# 離婚で財産分与した場合も譲渡税が課税される?

### 🏠 離婚の財産分与と3,000万円控除

「このたび妻と協議離婚することになったのですが、離婚にあたっての条件として、夫婦で住んでいた私名義の自宅マンションを、慰謝料として妻に財産分与することになりました。私は財産を渡すほうなので、税金の心配はないと思いますがどうなのでしょうか?」というような相談を受けることがあります。

離婚の財産分与は、税務上はその財産分与した財産を時価により譲渡したものとされ、財産を分与した側に譲渡税が課税されることになっています。

この話をするとたいていの人が、「なんで財産をタダで渡すのに自分に税金がかかるんですか? タダでもらう相手のほうに税金がかかるのではないのですか?」と憤慨されます。

大変わかりづらいのですが、解説すると次のようになります。

夫が、離婚の財産分与として妻に渡すものがお金で、5,000万円だったとします。

夫が5,000万円のお金を持っていれば、それを渡せばいいわけですが、お金がないため、所有している時価5,000万円の自宅マンションを売却して、その売却代金5,000万円を妻に渡したとします。このマンションの購入価額が1,000万円であれば、夫に4,000万円の譲渡所得(利益)が発生するので、譲渡税が課税されます。

妻に時価5,000万円の自宅マンションを財産分与として渡すということは、妻に慰謝料5,000万円を渡し、妻がその5,000万円で夫から自宅マンションを購入したのと同じことになるのです。

次ページの図のように、時価が5,000万円で取得費が1,000万円の場合は、夫は時価5,000万円で自宅マンションを妻に売却したとして譲渡税

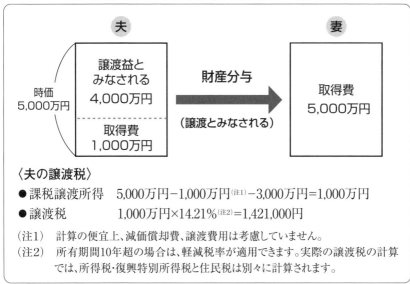

が計算されます。一方、財産分与でマンションを取得した妻は5,000万円で取得したものとして、次に妻が売却するときの取得費は5,000万円になるわけです。

それでは、相談事例のように財産分与した財産が自宅だった場合は、居住用の特例は適用できるのでしょうか？

102ページで、「3,000万円控除は配偶者、直系血族への譲渡の場合は適用されない」と説明しましたが、離婚に伴う財産分与は離婚後の譲渡であって、配偶者に対する譲渡ではないので、3,000万円控除が適用されます。

なお、財産分与によりマンションを取得した妻には贈与税が課税されるのではないかと心配される人がいますが、**離婚の際の財産分与には原則として贈与税は課税されない**ことになっています。

# 3,000万円控除のしくみと利用法⑬

# 贈与された自宅をすぐに売却した場合の3,000万円控除は

### 🏠 持分贈与後の売却なら3,000万円控除は夫婦ダブルで適用に！

　下図の左にあるように、自宅の土地は夫と妻で2分の1ずつ所有しているのに、自宅建物は夫が単独で所有しているケースがあります。このようなケースで、この自宅を売却した場合の3,000万円控除は、118ページで説明したように、土地と建物の所有者が異なる場合に該当するので、まず建物の所有者である夫の譲渡所得から3,000万円の控除を行ない、余りがあれば、その余った分だけを妻の譲渡所得から控除することになります。つまり、夫と妻合わせて3,000万円の控除が限度ということになります。

　それでは、上図の右にあるように、夫が建物の持分のうち2分の1を妻に贈与し、その贈与直後に売却した場合はどうなるのでしょうか？
　この場合は、夫と妻それぞれが3,000万円控除の適用を受けることができます。このように説明すると、「贈与してすぐに売却した場合は特例が受けられないのでは？」とか、「贈与税の配偶者控除の特例は、67ページで『その後居住の用に供する見込みがないとダメだ』と言っていたじゃないか」という反論が出そうですが、心配することはありません。
　3,000万円控除の適用が認められないのは、「**この特例を受けるためのみの目的で入居したと認められる場合**」や「**一時的な目的で入居したと認められる場合**」です。妻はもともとこの家に住んでいたわけですから、

特例を受けるためのみの目的で入居したわけではありません。したがって、3,000万円控除の適用が受けられるというわけです。

また、「2,000万円までの住宅または購入資金が非課税となる**贈与税の配偶者控除**」には、「その後引き続き居住の用に供する見込みであること」という適用要件がありますが、贈与税の配偶者控除の特例を適用しない一般贈与であれば、このような要件は関係ないわけです。

今回の事例では、建物の2分の1を妻に贈与することにしていますが、たとえば、建物の固定資産税評価額(建物の贈与の評価は固定資産税評価額で行なう)が500万円だとすれば、年間の贈与税の非課税枠の110万円以下におさめるために、5分の1の贈与をしたとしても、妻は建物と土地を所有することになるので、3,000万円控除が夫婦ダブルで使えることになります。

### 贈与された土地付き建物をすぐに売った場合は

上記の例は、建物の贈与を受けてただちに売却する場合でしたが、下図のように、父親所有の土地に子供が自宅を建てているケースで、子供が父親から土地の贈与を受けてただちに売却した場合はどうなるかというと、実はこの場合も3,000万円控除の適用はできます。

ただし、通常は贈与の際の土地の評価額が高く、贈与税が多額になるため、暦年課税による一般贈与で贈与するといったケースは少ないと思います。

しかし、62ページで説明した「相続時精算課税による贈与」を適用すると、贈与時の土地の評価額は相続財産に加算されてしまうものの、譲渡税は3,000万円控除の特例によりグッと安くなるので、検討してみたらいかがでしょう。

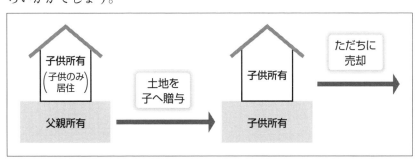

## 4-15 所有期間が10年を超えれば3,000万円控除とともに軽減税率が適用される

軽減税率の適用

### 🏠 売却年の1月1日現在で所有期間が10年を超えているか……

　マイホームを売却した場合には、そのマイホームの所有期間に関係なく、譲渡所得（売却益）から3,000万円を控除することができます。

　したがって、マイホームの売却については、**3,000万円を超える売却益がある場合においてのみ**、その残額について譲渡税が課税されるわけですが、3,000万円控除後の残額に対する税額は、所有期間5年によって区分される長期譲渡・短期譲渡に応じて計算することとなります。

　しかし、この章の最初に説明したとおり、マイホームの売却の場合には、一般的な5年による所有期間の長期・短期の区別の上に、**所有期間10年を超える場合**（売却した年の1月1日現在で判定します。以下同じ）の「軽減税率の特例」規定が設けられています。

　次の相談事例をみてください。

　「私は、このマンションを平成16年5月に購入したのですが、平成25年6月までは賃貸していました。その後、入居者が退去したので、駅や職場に近いことから平成25年10月より、このマンションに居住しています。今年になって、この一帯を再開発するということで、このマンションを売ってほしいという開発業者からの申し出があり、非常な高値を提示されたため、平成27年4月10日に売却しました。売却利益が5,000万円ほどあるので、居住用の3,000万円控除を適用しても2,000万円の利益が残ります。聞くところによると、所有期間10年を超える自宅を売却した場合は税率が安くなるということですが、このマンションには2年しか住んでいません。それでも、税率は安くなるのでしょうか？」

　軽減税率の特例は、マイホームの譲渡であれば所有期間が10年を超えていれば適用されるので、居住期間は関係ありません。したがって、こ

の相談事例のようなケースでも軽減税率が適用できることになります。

●軽減税率の算式（所得税・復興特別所得税および住民税の合計）●

① 3,000万円控除後の利益が6,000万円以下の場合
　3,000万円控除後の利益 × 14.21%

② 3,000万円控除後の利益が6,000万円超の場合
　（3,000万円控除後の利益－6,000万円）× 20.315% ＋ 852.6万円

　この軽減税率の対象となるマイホームの売却は、所有期間10年超のものとされていますが、たとえば15年前に土地建物を購入したけれど、建物を10年以内に建て替えたような場合には対象となりません。
　**土地建物とも所有期間が10年超であることが必要ですので、注意してください。**

### 借地権者が底地を購入してから売却した場合の、底地と借地権に対する軽減税率

　「このたび自宅を売却しようと思っているのですが、土地はもともと借地だったものを4年前に地主から購入して完全所有権にしたものです。借地契約を結んだのは昭和40年で、その後、平成3年に今の建物に建て替えて現在に至っています」という事例の場合は、軽減税率は適用されるのでしょうか？

　借地権者が底地を購入したような場合は、売却した土地を借地権と底地に分けて考える必要があります。
　今回の事例の場合は、売却代金のうち借地権付建物に対応する部分が所有期間10年を超えているため、軽減税率の対象となり、底地に対応する部分は所有期間4年ですから軽減税率の対象にならないだけではなく、短期譲渡となってしまいます。
　なお、このように所有期間の異なる売却の場合の3,000万円控除は税率の高いほう（底地）から適用していくことになるので、通常は短期所有の底地部分で利益が出ることはありません。

買換え特例のしくみと利用法①

# 「居住用の買換え特例」とはこんな制度

## 買換え特例は時限立法

マイホームを売却した場合の特例でも、3,000万円控除や軽減税率とは違い、「**居住用の買換え特例**」は、適用期限（マイホームの売却日）が**平成27年12月31日までとされている時限立法**です（延長の可能性大）。

居住用の買換え特例とは、一定の要件を満たすマイホームを売却して新たなマイホームに買い換えた場合に、売却価額と新たなマイホームの購入価額との差額だけを譲渡税の対象とする制度です。

---

＜買換えによる税額＞
①売却価額≦買換価額の場合……譲渡税はゼロとなります。
②売却価額＞買換価額の場合……（売却価額－買換価額）が譲渡税の対象となります。
＜買換え特例を適用した場合の譲渡税の計算：上記②の場合＞
①譲渡収入……譲渡資産の売却価額A－買換資産の購入価額B＝C
②必要経費……（譲渡資産の取得費 ＋ 譲渡費用）×C／A
③買換え特例適用後の譲渡所得……①－②
④譲渡税(所得税および住民税)……③×20.315％

---

なお、「買換え特例」と「3,000万円控除、軽減税率」は選択適用なので、いずれか一方しか受けられません。ご注意ください。

## 居住用の買換え特例の適用要件

居住用の買換え特例の適用要件は以下のとおりです。
①売却した年の1月1日において所有期間が10年超のものであること
②売却日までの間にそのマイホームに10年以上居住していること
③売却したマイホーム（土地建物）の売却価額が1億円以下であること

（共有の場合は共有者ごとに判定し、店舗兼住宅の場合は居住用部分の売却代金による）
④買い換えた建物の床面積が50㎡以上であること（買い換えた建物がマンション等の耐火建築物である中古住宅の場合は築25年以内または新耐震基準に適合もしくは既存住宅売買瑕疵保険加入後2年以内の建物）
⑤買い換えた土地の地積が500㎡以下であること
（注）　なお、居住用の買換え特例は当然に売却資産、買換資産とも居住用財産でなければなりませんが、居住用財産に該当するかどうかの考え方は3,000万円控除の場合と同じです。

## 🏠 買換え特例は代わりのマイホームを買うことが必要

「買換え特例」は、代わりの住まいを購入しなければ適用が受けられませんが、購入するマイホームについては買換期限と居住期限が定められています。

①売ったらすぐに買わなければならない

　買換資産はマイホームを売却した年の前年中、もしくは売却をした年中または翌年中に取得しなければなりません。

　なお、「買換え特例」は家屋が中心なので、期限内に土地だけを取得して家屋は取得していないような場合には、適用は受けられませんし、建築中で完成していない場合も同様に適用は受けられません。

②買ったらすぐに住まなければいけない

　「買換え特例」は、買換資産を購入するだけではなく、その買換資産をマイホームとして使用しなければ適用は受けられません。

　居住の用に供する期限として、次に掲げる期限までに、買換資産を自己の居住の用に供しなければ、特例の適用は受けられないこととされています。

　㈎マイホームを売却した年またはその前年に買換資産を取得した場合
　　　……売却をした年の翌年12月31日まで
　㈏マイホームを売却した年の翌年に買換資産を取得した場合（土地は売却年または前年に取得し、家屋だけを翌年に取得する場合を含む）
　　　……売却をした年の翌々年12月31日まで

買換え特例のしくみと利用法②

# 買換え特例は課税の繰延べなので次に売却するときは要注意

## 🏠 「課税の繰延べ」とはどういうことか

買換え特例は「課税の繰延べ」といわれています。これはどういうことかというと、たとえば2,000万円で購入したマイホームを1億円で売却し、代わりのマイホームを1億円で購入した場合には、「売却代金1億円－買換代金1億円＝0」と考えて、譲渡がなかったものとみなして譲渡税を0とするものです。

ただし、新しく買い換えたマイホームの取得価額は、買換え前の資産の購入価額を引き継ぐこととされているので、新しく買い換えたマイホームを次に売るときの取得費は実際の購入価額の1億円ではなく、買換え前のマイホームの取得費2,000万円を税金計算上は引き継ぐことになります（下図を参照）。

つまり、買換え特例とは課税の繰延べにすぎないため、買換資産を次に売却することとなったときに多額の税金が課税されてしまうのです。

したがって、買換え特例を選択するか、3,000万円控除（軽減税率を含む）を選択するかは売却時点の税金の差額だけで考えるのではなく、将来の状況もふまえて検討する必要があります。

●買換え特例のイメージ図●

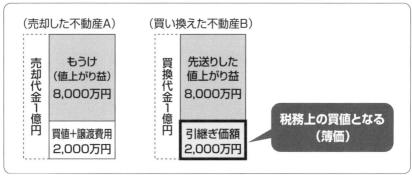

前ページ図のとおり、売却した不動産Aのもうけ（値上がり益）である8,000万円について課税を先延ばししようというのが買換え特例です。つまり、買い換えた不動産Bの購入代金は1億円ですが、税務上では1億円を買値とはしないで、元の不動産Aの買値である2,000万円を不動産Bの税務上の買値と考えるわけです。

　したがって、次に不動産Bを7,000万円で売却したとしたら、1億円で買ったものを7,000万円で売るわけですから、本来は3,000万円の赤字ということになります。しかし、買換え特例の適用を受けている場合は税務上の買値（簿価）は1億円ではなく引き継ぎ価額の2,000万円ですから5,000万円（7,000万円－2,000万円）の利益として、不動産Bの売却時に課税されることになります。買換え特例を適用した場合の取得価額の引継ぎの算式は、次のとおりです。

---

① 譲渡資産の売却価額＞買換資産の取得費　の場合
　（譲渡資産の取得費および譲渡費用）×買換資産の取得価額／譲渡資産の売却価額
② 譲渡資産の売却価額＝買換資産の取得費　の場合
　譲渡資産の取得費および譲渡費用
③ 譲渡資産の売却価額＜買換資産の取得費　の場合
　（譲渡資産の取得費および譲渡費用）＋（買換資産の取得価額－譲渡資産の売却価額）

---

【設例】買換資産の取得費の引き継ぎ
　譲渡資産（旧自宅）の譲渡収入……1億円
　買換資産（新自宅）の取得費……9,000万円
　譲渡資産である旧自宅の取得費および譲渡費用……1,000万円
　（上記引継ぎ計算の①に該当）
　1,000万円×9,000万円／1億円＝900万円

　つまり、買換資産を9,000万円で購入していますが、買換え特例を適用したため、次にこの資産を売却するときには実際の購入代金の9,000万円ではなく、900万円しか控除できません。買換資産を数年後に売却する可能性がある場合はよく考える必要があります。

## 4-18 居住用財産の買換え等の場合の譲渡損失の繰越控除等①

# マイホームを売却して赤字が出たときは、税金が3年間安くなる？その1

### 🏠 ローン付きのマイホームを買い換えることが要件

　三大都市圏などでは土地の値段も上昇傾向を示すようになり、特に都心三区（千代田区、中央区、港区）では東京オリンピックを見据えミニバブルの様相も呈しています。しかし一方では、空き家問題がクローズアップされるなどばらつきが大きく、バブル期以降に購入した物件は相当な含み損を抱えているというのが現状でしょう。

　このため、バブル期以降に購入した物件を売却した場合は、売却益ではなく**売却損**になるケースがほとんどではないでしょうか。

　不動産を売却した場合の赤字（譲渡損）は、同じ年に黒字で売却した不動産がある場合に限って、その売却不動産の黒字との**損益通算**（黒字と赤字の相殺）が認められているだけで、原則として赤字は切捨てとなってしまいます。

　これに対して、一定の要件に該当するマイホームを売却した場合の譲渡損失に限り、売却した年度の他の所得との損益通算を認め、さらに損

●所得税を求める速算表●

| 課税総所得金額等A | 税額の速算式 |
| --- | --- |
| 195万円以下 | A×5% |
| 195万円超　330万円以下 | A×10%－　　97,500円 |
| 330万円超　695万円以下 | A×20%－　427,500円 |
| 695万円超　900万円以下 | A×23%－　636,000円 |
| 900万円超　1,800万円以下 | A×33%－1,536,000円 |
| 1,800万円超　4,000万円以下 | A×40%－2,796,000円 |
| 4,000万円超 | A×45%－4,796,000円 |

※　復興特別所得税＝上記速算表で求めた所得税額×2.1%
※　住民税＝A（課税総所得金額等）×10%

益通算でも引ききれない赤字の金額を売却年の翌年以降3年間の所得から差し引くことができる（繰越控除）という特例規定がもうけられていますので、サラリーマンの場合などは最大4年間、給与から差し引かれていた所得税が戻ってきます（132ページの設例を参照）。

　この特例規定は、マイホームを売却して赤字が出ただけでは適用できず、新しくマイホームを買い換えなければなりません。

　マイホームに該当するかどうかの考え方は、3,000万円控除の場合と同じですが、新しく買い換えたマイホームは住宅ローン付きでなければならないなどの条件があります。この特例は通常、「**居住用財産の買換え等の場合の譲渡損失の繰越控除等**」とよばれています。

【適用要件】

> 〈売却資産の要件〉
> 　売却年の1月1日において所有期間5年を超えるマイホームを売却して譲渡損失が発生していること
> （注）　売却先が親子等の特殊関係者の場合は除かれます。また敷地の譲渡損失については面積500㎡を超える部分の損失は除かれます。
>
> 〈買換資産の要件〉
> ①代わりのマイホームを売却年、売却年の前年、売却年の翌年までに取得し、取得年の翌年12月31日までに居住すること
> ②建物の床面積が50㎡以上であること
> ③この特例を受ける年の12月31日において、買い換えたマイホームにかかる一定の住宅ローン（償還期間10年以上）の残高があること
> （注）　この特例の適用を受ける年（繰越控除の適用年）の合計所得が3,000万円を超える場合は適用されません。また、3,000万円控除、居住用の買換え特例と異なり、住宅ローン控除との重複適用が認められています。

第4章●マイホームを売るときに知らないとソンする特例

居住用財産の買換え等の場合の譲渡損失の繰越控除等②

# どれだけ税金がトクするか実際に計算してみよう

　マイホームを買い換えたときの譲渡損失の損益通算および繰越控除について、設例にもとづいて実際に計算してみましょう。

## 【設例】

　山田太郎さんは、平成27年6月に自宅を4,000万円で売却しました。この自宅は平成10年に7,000万円で購入したものです。

　山田太郎さんは今年（平成27年）の10月に80㎡の新築マンションを自己資金半分、住宅ローン半分で購入し、現在はここに住んでいます。

　山田太郎さんの譲渡が、「居住用財産の買換え等の場合の譲渡損失の損益通算及び繰越控除等」の要件を満たしているものとした場合に、毎年の所得税、住民税がいくら安くなるか計算してください。

① 譲渡損は「4,000万円−7,000万円＝△3,000万円」とし、計算の便宜上、減価償却費や譲渡費用は考慮しないものとします。

② 山田太郎さんはサラリーマンで、平成27年の給与収入は1,000万円とし、扶養控除等の所得控除額は250万円とします。

　なお、計算の便宜上、平成28年以降の給与収入と所得控除額も平成27年と同じとします。また、住民税の所得控除額も所得税の所得控除額と同じとして計算するものとします。

## 【譲渡損失がなかったものとした場合の毎年の所得税、住民税】

Ⅰ　給与所得（給与収入1,000万円−220万円(注)）　　780万円
　　　(注)　給与収入1,000万円の場合のみなし経費額（給与所得控除額）

Ⅱ　所得控除額　　　　　　　　　　　　　　　　　　250万円

Ⅲ　課税所得（Ⅰ−Ⅱ）　　　　　　　　　　　　　　530万円

Ⅳ　税額

(イ) 所得税（復興特別所得税を含む）
① 所得税　530万円×20％−42万7,500円＝63万2,500円
② 復興特別所得税　63万2,500円×2.1％＝1万3,282円
③ ①＋②＝64万5,700円（100円未満切捨て）
(ロ) 住民税
　　530万円×10％　　　　　　　＝53万円
(ハ) 税金合計　　(イ)　＋　(ロ)　　　＝117万5,700円

### 【「繰越控除の特例」と損益通算】

- 1年目（売却年度）
  780万円（給与所得）＋△3,000万円（譲渡損）＝△2,220万円
- 2年目（売却の翌年度）
  780万円（給与所得）＋△2,220万円（繰越譲渡損）＝△1,440万円
- 3年目
  780万円（給与所得）＋△1,440万円（繰越譲渡損）＝△660万円
- 4年目
  780万円（給与所得）＋△660万円＝120万円
  120万円＜250万円（所得控除額）∴課税所得　0

　山田さんの場合は、上記の計算にあるように、本来、所得税、住民税として毎年約117万5,700円の税金を納めるわけですが、譲渡損失を毎年の給与所得と通算すると3年目まで譲渡損失の繰越赤字が給与所得を上回り、4年目になると給与所得が譲渡損失の繰越赤字を上回りますが所得控除を差し引くと、4年目の課税所得も0となります。したがって、平成27年から4年間は所得税、住民税は0となります。
　つまり、117万5,700円×4年分≒470万円の税金が安くなることになります。

　具体的には、所得税は給与から源泉徴収により天引きされていますが、確定申告を行なうことにより毎年（4年間）、源泉徴収された所得税の全額が還付されます。住民税は1年遅れで給与から天引きされますが、平成28年から4年間は天引き0ということになります。

特定居住用財産の譲渡損失の繰越控除等

# マイホームを売却して赤字が出たときは、税金が３年間安くなる？その２

## 売りっぱなしの場合でも税金が安くなるケースがある

「特定居住用財産の譲渡損失の繰越控除等」という特例があります。

この特例は、**住宅ローンが残っている自宅を売却**して、譲渡損が生じた場合には、買換えを行なわなくとも、譲渡損失の損益通算、繰越控除が可能となる特例です。

所有期間５年超の自宅を売却して譲渡損失が生じた場合において、売買契約の締結日の前日において、売却する自宅についての住宅ローン（償還期間が10年以上のものであるなど、一定の要件に該当するもの）が残っている場合には、**ローン残高と売却代金との差額**を限度として、譲渡した年に他の所得との損益通算を認めるとともに、翌年以後３年間の繰越控除が認められるというものです（適用期限は**平成27年12月31日までの譲渡**についてです）。

つまり、前項で説明した「居住用財産の買換え等の場合の譲渡損失の繰越控除等」とは異なり、譲渡の際の赤字がすべて損益通算等の対象となるわけではなく、売却代金で返済しきれなかった分のローンを損益通算等の対象とするものです。

したがって、売却しても借金が残ってしまうというケースですから、現実問題としては売却代金で住宅ローンを返済しきれないため、「どうやって銀行の担保をはずすのだろうか？」という問題の残る、あまり使えない特例であるといえます。

なお、売却先が親子等の特殊関係者の場合は、この適用を受けることはできません。また、この特例の適用を受ける年（繰越控除の適用年）の合計所得が3,000万円を超える場合は適用されません。

【計算例】
①自宅の売却代金　　　　　　　　　　　　　　　2,000万円
②売却した自宅の購入代金と譲渡費用の合計額　　7,000万円

③譲渡損失　　　　①−②　　　　　　　　　　　＝△5,000万円
④売却した自宅のローン残高　　　　　　　　　　3,000万円

※損益通算および繰越控除の対象となる損失金額の計算
イ　ローン残高　　3,000万円
ロ　売却代金　　　2,000万円
ハ　売却しても払いきれないローンの額
　　イ−ロ＝1,000万円＜譲渡損失の金額5,000万円　∴1,000万円

## 不動産の譲渡損失と損益通算等の簡易フローチャート

自宅を売却して赤字が出た場合に、譲渡損失の損益通算および繰越控除が受けられるかどうかを下図のフローチャートで確認しておきましょう。

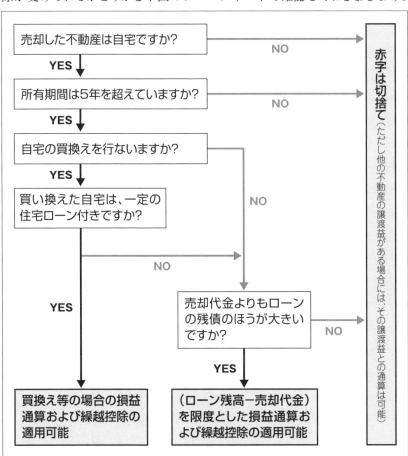

> **コラム**　「ふるさと納税」ってなに？

　「ふるさと納税」については、「故郷への納税？」と思われる方も多いかもしれませんが、故郷への納税ではありません。自分で選んだ自治体に対して寄付をすることです。そして、その寄付額から2,000円を差し引いた残額分の税金を安くしてあげようというのが「ふるさと納税」です。

　具体的には、寄付をした者の所得税・復興特別所得税および個人住民税の所得から、まず寄付金控除という形で控除し、その控除しきれない金額を個人住民税額から特例控除するという具合になっています。こう書くとちょっと面倒そうですが、よく考えてみると、実質2,000円の負担で地域の豪華な特産品がお礼としてもらえたり、復興支援につながったりするのです。そう考えると、かなりおトクでよい制度ではないでしょうか。

　さらに、これまで税金で控除できる上限が個人住民税所得割額の10％とされていましたが、平成27年度の税制改正において、平成27年分のふるさと納税からその上限が倍の20％に拡充されました。

　なお、所得税および復興特別所得税の適用税率20.42％（住民税は一律10％）の人が5万円をふるさと納税した場合は、所得税・復興特別所得税と個人住民税から48,000円の税金が控除されます。

◎「ふるさと納税」による税額控除の例◎

寄付金　5万円

| 足切額 | 所得税および復興特別所得税 | 個人住民税 | 個人住民税特例控除分<br>（住民税所得割額の20％を限度） |
|---|---|---|---|
| 2,000円 | (5万円－2,000円)<br>×20.42％＝<br>9,801円(A) | (5万円－2,000円)<br>×10％＝4,800円<br>(B) | (5万円－2,000円)<br>－(A)－(B)＝<br>33,399円 |

控除される税額　48,000円＋特産品？

# 第5章

# 不動産を相続するときに知ってトクする特例

基礎控除額と課税のしくみ

# 相続税のしくみの基本を知っておこう

## 相続税の申告が必要な人は7％程度！

　相続税とは、人が死亡したときに、その亡くなった人が残した遺産に対して課税する税金です。

　それではどれぐらいの遺産があると相続税がかかるのでしょうか？

　現在、わが国では年間に130万人弱（年々増加しています）の人が亡くなっていますが、そのなかで相続税の申告が必要なほどの財産を残して死亡する人は、平成27年の相続税の改正後で年間8万～9万人だろうといわれています。

　つまり、年間130万件前後の相続が発生していても、約93％のケースでは相続税は発生しないのです。

## どれぐらいの遺産があると相続税が課税される？

　相続税は、遺産の金額が次の算式で計算した基礎控除額よりも多い場合に課税されます。

**【基礎控除額の算式】**

> 3,000万円＋(600万円×法定相続人の数)＝基礎控除額

　基礎控除額は、法定相続人の数が多ければ多いほど大きくなります。

## 法定相続人、法定相続分とは

　「**法定相続人**」とは、簡単にいえば残された遺族のことで、遺産を相続する権利を持っている人と考えればいいでしょう。法定相続人には、「**配偶者相続人**」と「**血族相続人**」がいて、被相続人（亡くなった人）の配偶者は常に相続人となりますが、血族相続人には順位があります。そして、順位の上の者がいるときは、下の順位の血族は相続することが

できません。

なお、「**法定相続分**」とは法律で決められた相続できる権利のことですが、遺産分けは法定相続人の間の話し合い（遺産分割協議）でどのように分けてもいいことになっています。法定相続分は、話し合いがこじれたときの法律の権利と考えればいいでしょう。

●法定相続人の順位と法定相続分●

| 相続人 配偶者 | | 血族相続人 | 法定相続分 |
|---|---|---|---|
| 配偶者 | 第1順位 | 子（子が先に死亡している場合はその子供の子） | 配偶者2分の1、子供2分の1 |
| | 第2順位 | 直系尊属（父母が死亡している場合は祖父母） | 配偶者3分の2、直系尊属3分の1 |
| | 第3順位 | 兄弟姉妹（兄弟姉妹が先に死亡している場合は甥、姪） | 配偶者4分の3、兄弟姉妹4分の1 |

※血族相続人が2人以上いる場合は、その相続分をその人数で均等に配分します。たとえば、法定相続人が配偶者と子供3人の場合の法定相続分は、配偶者が2分の1、子供はそれぞれ6分の1（1/2×1/3）となります。

### 相続税は正味財産にかかってくる

相続税は、遺産を相続した人に対して課税されるわけですが、それでは相続税が課税される遺産とは何なのでしょうか？

ここでいう遺産は「**正味財産**」のことになります。たとえば、「うちには現金預金が5億円あるけど、借金も4億円ある」といった場合の正味財産はいくらなのでしょう？

たとえ現金預金が5億円あっても、借金を返せば1億円しかないわけですから、正味財産は1億円ということになります。相続税はこの正味財産にかかるのですが、この正味財産のことを「**課税価格**」とよんでいます。

正味財産がわかったら相続税の計算をするわけですが、相続税の計算では、まず「**わが家全体の相続税はいくらになるか**」を計算します。

その後で、自分の納める相続税はいくらなのかという計算を行なうしくみとなっています。

「父親に相続が発生したら1億円ぐらいの価値のアパートを相続することになっているのですが、相続税はどれくらいかかるのでしょうか？」

といった相談を受ける場合がありますが、その父親の全体の遺産額（正味財産）がわからなければ計算できません。

また、同じ遺産額でも相続人の人数や構成によって相続税が相当変わってくるので、次ページの「相続税の総額概算早見表」を参考にして、まず、わが家全体の相続税額（「相続税の総額」といいます）が大体いくらぐらいになるかの目星をつけてください。

たとえば、下図のように相続人が子供３人で父親の遺産が３億円の場合の概算相続税の総額は5,460万円です。このようなケースで次男Cさんが１億2,000万円のアパートを相続するとすれば、Cさんが納める相続税は下記の計算により2,184万円になります。

つまり、自分が納める相続税は、「**わが家全体の相続税（相続税の総額）**」に、自分が相続した遺産の割合をかけて計算されるのです。

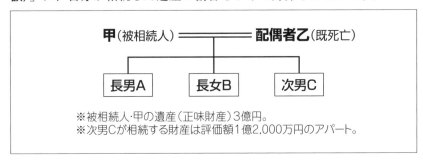

●**自分が納める相続税の計算**●

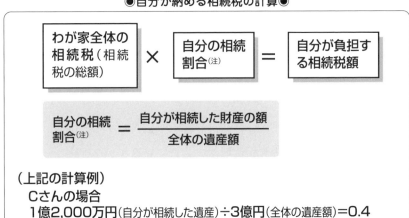

## ● "相続税の総額概算早見表" ―わが家全体の相続税を知る―●

(単位:万円、税額の1万円未満四捨五入)

| 法定相続人<br>正味財産<br>(課税価格) | 配偶者と<br>子供1人 | 配偶者と<br>子供2人 | 配偶者と<br>子供3人 | 子供1人 | 子供2人 | 子供3人 |
|---|---|---|---|---|---|---|
| 1億円 | 770<br>(385) | 630<br>(315) | 525<br>(263) | 1,220 | 770 | 630 |
| 2億円 | 3,340<br>(1,670) | 2,700<br>(1,350) | 2,435<br>(1,218) | 4,860 | 3,340 | 2,460 |
| 3億円 | 6,920<br>(3,460) | 5,720<br>(2,860) | 5,080<br>(2,540) | 9,180 | 6,920 | 5,460 |
| 4億円 | 10,920<br>(5,460) | 9,220<br>(4,610) | 8,310<br>(4,155) | 14,000 | 10,920 | 8,980 |
| 5億円 | 15,210<br>(7,605) | 13,110<br>(6,555) | 11,925<br>(5,963) | 19,000 | 15,210 | 12,980 |
| 8億円 | 29,500<br>(14,750) | 26,240<br>(13,120) | 24,270<br>(12,135) | 34,820 | 29,500 | 25,740 |
| 10億円 | 39,500<br>(19,750) | 35,620<br>(17,810) | 33,270<br>(16,635) | 45,820 | 39,500 | 35,000 |
| 15億円 | 65,790<br>(32,895) | 60,630<br>(30,315) | 57,000<br>(28,500) | 73,320 | 65,790 | 60,000 |
| 20億円 | 93,290<br>(46,645) | 86,880<br>(43,440) | 82,365<br>(41,183) | 100,820 | 93,290 | 85,760 |
| 30億円 | 148,290<br>(74,145) | 140,760<br>(70,380) | 134,865<br>(67,433) | 155,820 | 148,290 | 140,760 |

※配偶者と子供が相続人の場合は、配偶者は2分の1まで相続しても相続税がかかりません。
　上表の( )書きは、配偶者が遺産の2分の1を相続した場合の相続税です。つまり、配偶者が遺産の2分の1を相続した場合には、配偶者は相続税を納めなくてよいため、"わが家全体の相続税"の半分を子供たちで納めることになります。

第5章●不動産を相続するときに知ってトクする特例

建物による節税効果

# アパートを建てると相続税が安くなるしくみ

## 相続税の評価は時価である

相続税を計算するうえでの「相続財産」とは、金銭に置き換えられるすべてのものがその対象になります。つまり、売れるものはすべて相続税の対象になると考えればいいでしょう。

相続税法では、財産の評価は「**相続開始時（死亡時）の時価**」によることとされています。

しかし時価といっても、預貯金や株式などの金融資産以外は売ってみなければ本当の価値はわかりません。

それでも相続が発生した場合には、無理やりにでも亡くなった人の遺産をお金に置き換えなければ相続税を計算することはできません。

そこで国税庁では、各種の相続財産について一定の評価基準を定めた『財産評価通達』を出し、これに従って「時価」を計算することにしています。

「時価」をはじき出す尺度を「**相続税評価額**」とよんでいます。

預貯金や上場株式など、その金銭価値が客観的にわかる財産はほぼそのまま相続税評価額となりますが、土地や建物、亡くなった人が経営していた会社の株式など客観的価値の確定がむずかしい財産は、相続税法上の一定の取り決めにもとづいて相続税評価額を定めています。

アパート・マンションを建てると相続税が安くなるというのは、アパート・マンションの相続税評価額の決め方にその答えがあるのです。

## お金をモノに変えるのがポイント

土地は、その利用状況によって評価方法が異なります。土地を空地や駐車場で所有していると、その土地は更地評価となりますが、この空地の上に貸アパートを建てるとその土地は「貸家建付地」となり、東京の一般的な住宅地であれば更地価格に比べて18％から21％程度、評価が下

がります。

　しかし、土地より節税効果が大きいのは建物です。お金はその価値そのものが相続税評価額ですが、アパートを建てるということはお金という財産がアパートという財産に変わるということです。それではお金がアパートに変わると、そのアパートの相続税評価額はいくらになるのでしょう？

　建物の相続税評価額は固定資産税評価額であり、新築された建物の固定資産税評価額は、一般的には建築費総額の40～50％前後となっています。

　さらに、賃貸アパートの場合は、自用建物の70％（借家権割合30％）で評価される「貸家」なので、100のお金をアパートに変えると、相続税評価額は100に対して35前後（100×50％×70％）となるわけです。

## 【具体例】

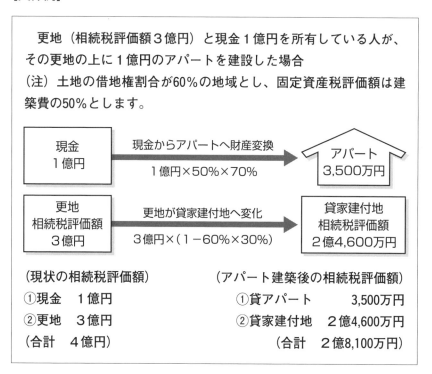

更地（相続税評価額3億円）と現金1億円を所有している人が、その更地の上に1億円のアパートを建設した場合
（注）土地の借地権割合が60％の地域とし、固定資産税評価額は建築費の50％とします。

現金 1億円 → 現金からアパートへ財産変換　1億円×50％×70％ → アパート 3,500万円

更地 相続税評価額 3億円 → 更地が貸家建付地へ変化　3億円×(1－60％×30％) → 貸家建付地 相続税評価額 2億4,600万円

（現状の相続税評価額）
①現金　1億円
②更地　3億円
（合計　4億円）

（アパート建築後の相続税評価額）
①貸アパート　　3,500万円
②貸家建付地　2億4,600万円
（合計　2億8,100万円）

第5章●不動産を相続するときに知ってトクする特例

### 🏢 借金はお金を得るための手段

アパートの建築というと、"借金してアパートを建築する"というイメージが強いのですが、借金はお金を得るための手段であって、借金をするから相続税が安くなるわけではないのです。

相続税の節税対策のポイントの1つは、"**お金を評価の安いモノに変えること**"なのですが、お金がなければこれを実行に移すことはできません。

そこで、どこかからお金を調達してこなければならないわけですが、そのお金の調達手段が借金なのです。先ほどの具体例において所有しているのは更地だけであり、お金がなかった場合に1億円のアパートを建てるとしたら、1億円の借金をして、そのお金をアパートの建築費に充てるという流れになるのです。

●1億円のお金の価値をアパートにして下げる●

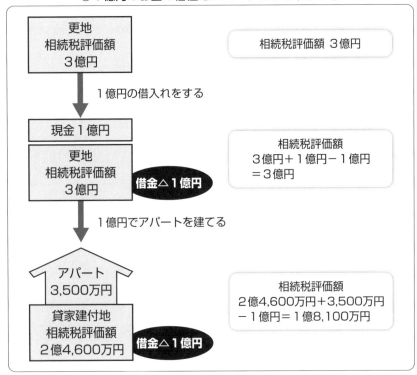

## 相続税は、節税ではなく収益性を考えなければ失敗する

　1億円でアパートを建てたからといって、売却するときに建物に1億円の値がつくことはまずありません。せいぜい建築価格の5割、へたをすれば2、3割の値段しかつかないかもしれません。

　そうすると、たとえこのアパートを売却しても、借金を返したら手元にお金がほとんど残らないということにもなりかねないわけです。

　アパート経営の成功のカギは1にも2にも立地にあります。少子高齢化の進んでいる現在、"アパート建築は相続税対策になります"というセールストークによって、駅から歩いて15分もしくはバス便といった利便性の悪いところにアパートを建ててしまったら、新築当時はともかく、築10年を過ぎたころから空室が目立ち賃料も値下がりしていくというのが現状です（空き家問題がニュースになっていることから、おわかりいただけると思います）。

　ある程度自己資金で建築している場合はともかく、立地の悪いところで目いっぱい借入れをして建築したら、"10年後には借金の返済が苦しくて相続税どころではない、このままでは破産しそうだ"ということになりかねません。

　くれぐれも、アパート経営は事業であって相続税の節税はそのおまけだ、というように考えてください。

　事業収支を無視した経営は必ず破綻するものです。

小規模宅地の減額特例①

# 相続したマイホームの敷地は8割引きに

## 自宅敷地を特定の人が相続すると特定居住用宅地として8割引き？

たとえば、都会の一等地で、1㎡あたりの相続税評価額が100万円（坪330万円）である自宅の敷地200㎡（60坪）を相続するとなると、それだけで相続税評価額が2億円ということになり、相続税を支払うために自宅を手放さなければならないという事態にもなりかねません。

相続税法では、このような場合を考慮して、被相続人（亡くなった人）の自宅敷地を特定の相続人が相続した場合で一定の条件に該当するときには、**その宅地のうち330㎡までの部分**（敷地が400㎡といったように330㎡を超える場合でも330㎡までの部分）については、その土地の評価額の**80％を減額**することにしています。これを「**小規模住宅の減額特例**」といいます。

したがって、前述した1㎡あたりの相続税評価額が100万円の自宅敷地200㎡については、この小規模宅地の減額特例が適用できなければ2

●特定居住用宅地の適用要件●

| 相続する土地の利用状況 | | 相続する人 | 申告期限までの所有継続要件 | 申告期限までの居住継続要件 | 330㎡までの80％減額特例の適用 |
|---|---|---|---|---|---|
| 被相続人（亡くなった人）の自宅の敷地<br>被相続人の居住<br>被相続人所有<br>※敷地を被相続人が所有し、その建物に被相続人が居住していれば、建物の所有者は問わない | A | ①配偶者 | 不要 | 不要 | 有 |
| | | ②同居親族 | 必要 | 必要 | 有 |
| | | ③①、②がいない場合の持ち家なしの別居親族（通称、家なき子（注）） | 必要 | 不要 | 有 |
| | | Aに該当しない人 | × | × | 無 |

（注）通称、家なき子とは
相続開始前3年以内に自己または配偶者の所有する家屋に居住していない者をいいます。借家住まいの者と考えればいいでしょう。

億円の評価となりますが、特例の適用ができれば4,000万円｛2億円×（1－80％)｝の評価となるわけです。東京都心などの地価の高い地域に自宅がある人にとっては、この小規模宅地の減額特例が適用できるかできないかで、相続税が課税されるかどうかが決まるといっていいぐらい重要な特例となります。

それでは、この特例はどのようなケースで適用できるのかその内容を詳しくみてみましょう。

特定居住用宅地に該当して80％の評価減が受けられるケースは、前ページの図のとおり、被相続人の自宅の敷地を図中のAの要件に該当する相続人が相続した場合に限ります。つまり、自宅敷地を相続する人がAの要件に該当しなければ減額は一切ないことになります。

### 被相続人の自宅を共有で相続した場合はどうなる？

被相続人の自宅敷地を、配偶者と**別居の長男**が2分の1ずつ共有で相続した場合には、特例対象者である配偶者が相続した2分の1に対応する分のみが特定居住用宅地として80％減額になり、別居の長男が相続した2分の1相当分は減額とはなりません。

### 併用住宅の場合は自宅対応分のみが対象に

たとえば、敷地面積が200㎡の5階建て住宅の1階から4階までが賃貸で、5階に被相続人が居住しており、特例対象者がその敷地を相続した場合にはどうなるのでしょうか？

この場合は、被相続人の自宅である5階に対応する敷地分（200㎡×1／5＝40㎡）のみが、特定居住用宅地として80％減額の対象になります。

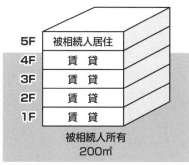

小規模宅地の減額特例②

# 二世帯住宅や老人ホームに入居しているとき

## 母親が有料老人ホームへ転居した場合はどうなる？

　特定居住用宅地としての小規模宅地の減額特例は、そもそも被相続人の自宅敷地を特例対象者が相続した場合に80％の減額が受けられるものです。そこで、有料老人ホームなどの老人施設などに被相続人が転居していた場合には、「もともと被相続人が住んでいた自宅は相続開始時点においては自宅ではなくなっているので、小規模宅地の減額の対象にならないのではないか？」という問題があります。

　よくあるのは、父親が死亡してその自宅を相続した母親が自宅で一人暮らしをしていたところ、だんだん足腰が弱ってきて一人暮らしが大変になった結果、有料老人ホームなどへ転居するというケースです。

　この場合は、母親の生活の本拠を有料老人ホームへ移してしまったわけですから、その時点でもともと母親が住んでいた自宅は母親の自宅ではなくなってしまいます。

　しかし、平成26年の税制改正で次の要件を満たしている場合は空家となった自宅もそのまま母親の自宅として認めることになりました。

### 【有料老人ホーム転居後の空家が自宅として認められる要件】

①被相続人が有料老人ホーム等へ転居した後、その家を貸し付けていないこと

※もともと被相続人と同居していた子供などの親族がそのまま住み続けるのはいいのですが、第三者への貸付けだけではなく、母親が施設に移った後で子供などの親族がその家に移り住んだ場合もダメということになっています。
　つまり、母親が一人暮らしであった場合は、空家のまま維持管理をしていなければ自宅としては認めないということなのです。

②被相続人の相続開始の直前において介護認定を受けていること
　※有料老人ホーム等へ入所したときは元気でも、相続開始（死亡）直前では、要介護認定、要支援認定を受けている必要があります。

## 親所有の土地に親の家と子供の家が2軒ある場合

　下図のように、被相続人が所有する300㎡の敷地の上に被相続人である父が居住する家と長男が居住する家の2軒が建っている場合は、被相続人の居住する家屋に対応する敷地分のみが特例対象となる敷地となります。

　この場合は配偶者である母が300㎡の敷地をすべて相続した場合は、被相続人の居住する家屋に対応する敷地分150㎡分について80％の減額が受けられますが、長男が300㎡の敷地をすべて相続した場合は、そもそも長男は同居親族ではないので、80％の減額は一切ないことになります。

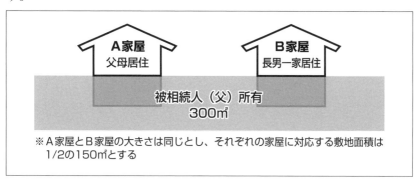

※A家屋とB家屋の大きさは同じとし、それぞれの家屋に対応する敷地面積は1/2の150㎡とする

## 二世帯住宅は登記の仕方で変わる

　二世帯住宅の場合、玄関が別々で建物の中では行き来ができず、1階には親世帯が居住し2階は子供世帯が居住しているケースや、左側と右側で独立しているようなケースがよくあります。

　このような場合に、次ページの図のように区分登記をしているケースがありますが、区分登記をしていると別々の家とみなされて、前記の「親所有の土地に親の家と子供の家が2軒ある場合」と同じ取扱いをされて

しまいます。

　ところが、共有登記であれば1つの建物に親と子が同居していることとして取り扱われるので、2階に住んでいる子供が敷地を相続しても"同居親族"として80％の減額ができます。

　小規模宅地の減額特例の80％を適用したいのであれば、二世帯住宅で親と子が建築資金を出し合う場合は、区分登記にするのではなく共有名義にするように気をつけてください。

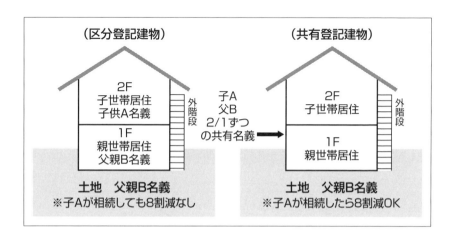

小規模宅地の減額特例③

# 特定事業用、貸付用も小規模宅地の減額が受けられる

### 🏢 「特定事業用宅地」は400㎡まで8割減、「貸付事業用宅地」は5割減

　小規模宅地の減額特例の対象は、被相続人の自宅敷地だけではありません。被相続人が商売をしていたお店の敷地や、被相続人の経営する会社の敷地として使用されていた土地についても、その敷地を相続する相続人がその事業を引き継ぐなどの一定の要件を満たせば、「特定事業用宅地」、「特定同族会社事業用宅地」（以下、総称して**「特定事業用等宅地」**といいます）として、その敷地のうち400㎡までの部分について80％の減額を受けることができます。

　ただし、ここでいう「特定事業用等宅地」には貸家やアパートの敷地、貸し駐車場など、いわゆる不動産賃貸業としての事業は入っていません。貸家やアパート、貸し駐車場（アスファルト舗装などの構築物のあるものに限ります。以下同じ）などの土地は、通常の事業用の土地ではなく、特定事業用宅地と同様、その敷地を相続する相続人が申告期限までその賃貸事業を継続して引き継ぐなどの一定の要件を満たせば、**「貸付事業用宅地」**とされ、その敷地のうち200㎡までの部分について50％の減額を受けることができます。

### 🏢 減額適用は限度面積で打ち切られる

　小規模宅地の減額特例は、その適用を受ける宅地の用途によって、受けられる面積の限度（特定事業用等宅地なら400㎡、特定居住用宅地なら330㎡、貸付事業用宅地なら200㎡まで）が決まっています。

　また、小規模宅地の減額特例は、被相続人が所有していたすべての宅地を通じて限度面積までの部分しか減額できません。

　つまり、被相続人がたとえ自宅の敷地やアパート、マンション等の敷地、自己の商売の敷地などいくつもの場所に何千平方メートルも宅地を所有していたとしても、これらの宅地の中からすべての相続人を通じて

200㎡（特定居住用宅地を選択した場合は330㎡、特定事業用等宅地を選択した場合は400㎡）分しか減額対象にはなりません。

ただし、特定居住用宅地と特定事業用等宅地は併用が可能なため、限度面積は両方合わせて730㎡となります。

限度面積の調整計算の適用要件をまとめると下表のとおりですので、参考にしてください。

●3種類の小規模宅地の適用関係●

| 相続する土地 | 特例の適用が受けられる相続人 | 土地の相続評価 | 上限面積 |
|---|---|---|---|
| 特定事業用等宅地（商店、会社、工場の敷地など）…A | ・申告期限まで保有、事業継続（特定同族会社事業用宅地の場合は申告期限において同族会社の役員であること） | 80%減 | 400㎡ |
| 特定居住用宅地（自宅の敷地）…B | ・配偶者<br>・同居親族（申告期限まで保有、居住）<br>・持ち家なしの別居親族（上記の人がいない場合で、申告期限まで保有） | 80%減 | 330㎡ |
| 貸付事業用宅地（アパート、駐車場などの賃貸事業の敷地）…C | ・申告期限まで保有、事業継続 | 50%減 | 200㎡ |

※特定事業用等宅地と特定居住用宅地は、それぞれの上限面積まで併用可能

なお、小規模宅地が複数ある場合の有利不利の選択と限度面積の計算はかなり複雑で、貸付事業用宅地の減額特例と他の減額特例を組み合わせる場合、下記算式によります。

$$A \times \frac{200}{400} + B \times \frac{200}{330} + C \leq 200㎡$$

一番よくあるケースで、自宅敷地とアパート敷地がある場合の限度面積と小規模宅地の減額金額は、次のように計算します。

【計算例】

（自宅敷地）特定居住用宅地としての特例要件を満たしているものとする
　敷地面積165㎡、1㎡あたりの評価額40万円
（アパート敷地）貸付事業用宅地としての特例要件を満たしているものとする
　敷地面積150㎡、1㎡あたりの評価額30万円（貸家建付地の減額後）

【適用される小規模宅地の減額金額】

1　特定居住用宅地としての減額
　(1)評価額　40万円×165㎡＝6,600万円
　(2)特定居住用宅地としての減額金額
　　①限度面積　165㎡＜330㎡　∴165㎡全部減額可能
　　②減額金額　40万円×165㎡×80％＝5,280万円
　(3)小規模宅地の減額特例適用後の評価額
　　(1)－(2)＝1,320万円

2　貸付事業用宅地としての減額
　(1)評価額　30万円×150㎡＝4,500万円
　(2)貸付事業用宅地としての減額金額
　　①限度面積計算
　　　165㎡×200／330＋C＝200㎡
　　　　　　　　　　C＝200㎡－100㎡
　　　　　　　　　　C＝100㎡
　　②減額金額　30万円×100㎡×50％＝1,500万円
3　小規模宅地の減額特例適用後の評価額
　(1)－(2)＝3,000万円

節税以外のポイント

# 一人暮らしの母親が自宅を相続しているときの注意点

## 相続争いにご注意を

　父親が死亡したとき、自宅の土地建物を相続した母親が一人暮らしをしているケースがよくみられます。

　次ページの【事例１】のように、東京の高級住宅街である世田谷区成城１丁目14番××に100坪（平均的な建売住宅の敷地の３倍の広さ）の敷地があり、その上の築10年経過の50坪（平均的な建売住宅の２倍の広さ）の建物で一人暮らしをしている乙さんが死亡したとします。

　この場合、自宅について小規模宅地の減額特例が適用できれば、１億3,200万円の土地の評価が2,640万円になるので、子供３人で支払う相続税が1,440万円になるところ、特例が適用できれば相続税が０になります。

　自宅についての小規模宅地の減額特例は、母親が一人暮らしだった場合は146ページの表のとおり、"家なき子"が相続すれば８割減が適用できますが、持ち家に住んでいる子供が相続しても８割減は適用できません。子供３人がみんな持ち家に住んでいれば、８割減は適用できないことになります。

　このように話すと、「私が母親と同居すれば同居親族となるので、私が相続した場合、８割減が適用できるんですね」と質問してくる人がいらっしゃいます。

　理屈はたしかにそのとおりなのですが、今回のようなケースで子供３人のうちの１人が母親と同居して、その人がこの自宅を相続するとなるとほかの兄弟が黙っていることは考えにくく、"争族"に発展することが予想されます。

　このようなケースで一人暮らしの母親の相続が発生したら、自宅の土地建物は子供３人で共有で相続して、売却したうえでお金で分けるということが一般的だろうと思います。

　相続税を安くしたい一心で無理なことをするのは避けたほうがいいで

しょう。

### 事例 1

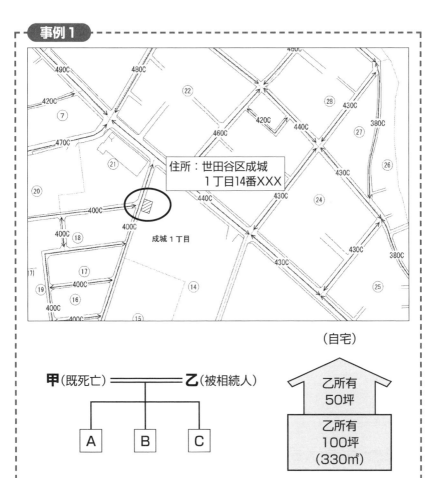

相続人は長男A、長女B、次男Cの3人
〈相続財産〉
自宅敷地　330㎡（100坪）　1㎡あたりの相続税評価額40万円
敷地全体の相続税評価額　40万円×330㎡＝1億3,200万円
自宅建物　築10年　延床面積165㎡（50坪）建物の相続税評価額800万円
預貯金　　1,000万円
死亡保険金　1,500万円（500万円×法定相続人数3人まで非課税）

相続税の対象遺産額　1億3,200万円＋800万円＋1,000万円＋1,500万円－1,500万円（死亡保険金の非課税）＝1億5,000万円

（小規模宅地の減額特例が適用できない場合の子供3人が支払う相続税の合計）
(1)相続税の対象遺産額　1億5,000万円
(2)小規模宅地の減額特例　　　　　0
(3)(1)－(2)＝1億5,000万円
　　1億5,000万円－4,800万円（3,000万円＋600万円×3人）＝1億200万円
　　（1億200万円÷1／3×20％－200万円）×3人＝1,440万円

（小規模宅地の減額特例が適用できる場合の子供3人の支払う相続税の合計）
(1)相続税の対象遺産額　1億5,000万円
(2)小規模宅地の減額特例
　　　40万円×330㎡×80％＝1億560万円
(3)(1)－(2)＝4,440万円＜4,800万円　∴相続税の合計0

### 母親が施設に入ったら貸家にすることを考えよう

　【事例1】で、無理に居住用の特例の8割減を使おうとすると"争族"に発展するといいましたが、それでは何かよい方法はないのでしょうか？
　母親が一人暮らしの場合、年齢とともに体の自由がきかなくなると通常、施設に入所するか子供が引き取ることになり、母親が一人暮らしをしていた家は空き家となってしまうケースが想定されます。
　このような場合は、【事例2】のように空き家をリフォームして賃貸すれば、1,440万円の相続税が303万円に減少します。
　子供3人で共有で相続し、申告期限が過ぎてから売却してお金で分けることにすれば節税とともに争族も避けられるのではないでしょうか？

なお、一度賃貸すると売却するときに立ち退いてもらえないのではないかという心配がありますが、定期借家契約を締結するなどの工夫をされるといいでしょう。

---

**事例2**

（乙が施設に転居した後で、1,000万円かけてリフォームしその後相続が発生した場合の貸付事業用宅地としての小規模宅地の減額特例適用について）

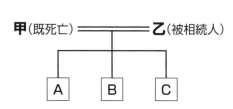
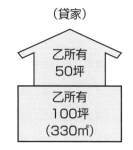

相続人は長男A、長女B、次男Cの3人
〈相続財産〉
貸家敷地　330㎡（100坪）　1㎡あたりの相続税評価額40万円
　40万円×（1－0.21）＝316,000円（貸家建付地の評価）
316,000円×330㎡＝1億428万円
貸家建物　築10年　延床面積165㎡（50坪）※リフォーム後
建物の相続税評価額　800万円×（1－0.3）＝560万円（貸家の評価）
預貯金　　1,000万円－1,000万円(リフォーム代に使用)＝0
死亡保険金　1,500万円（500万円×法定相続人数3人まで非課税）

相続税の対象遺産額　1億428万円＋560万円＋1,500万円－1,500万円（死亡保険金の非課税）＝1億988万円

（小規模宅地の減額特例が適用できる場合の子供3人の支払う相続税の合計）
※3人で3分の1ずつ相続し、貸付事業用宅地の小規模宅地の減額

特例適用

(1) 相続税の対象遺産額　1億988万円
(2) 小規模宅地の減額特例
　　316,000円×200㎡×50%＝3,160万円
(3) (1)−(2)＝7,820万円
　　7,820万円−4,800万円（3,000万円＋600万円×3人）
＝3,020万円
　　(3,020万円÷1／3×15%−50万円)×3人＝303万円

●相続税の速算表●

| 法定相続分に応ずる取得金額 | 税率 | 控除額 |
|---|---|---|
| 1,000万円以下 | 10% | − |
| 1,000万円超～3,000万円以下 | 15% | 50万円 |
| 3,000万円超～5,000万円以下 | 20% | 200万円 |
| 5,000万円超～　1億円以下 | 30% | 700万円 |
| 1億円超～　2億円以下 | 40% | 1,700万円 |
| 2億円超～　3億円以下 | 45% | 2,700万円 |
| 3億円超～　6億円以下 | 50% | 4,200万円 |
| 6億円超～ | 55% | 7,200万円 |

## 5-7 タワーマンション節税ってどういうこと？

**節税のカラクリ**

### 🏢 都心の中古タワーマンションは時価と評価の差がものすごく大きい

下記の事例をみてください。

東京都心の築約５年の中古タワーマンション（建物の高さは30階建て以上）の１室（部屋の専有面積約90㎡、３ＬＤＫ）を平成26年に１億3,200万円で購入した人の例ですが、この物件の相続税評価額はなんと約1,900万円（平成26年評価）となり、購入代金に対して14.4％の評価額、約85％も評価が下がったわけです。

つまり、この人が５億円の財産を所有していたとすれば、相続が発生すれば当然、５億円に対して相続税が課税されるわけですが、たとえば、このタワーマンションを購入してから１か月後に相続が発生したら、相続対象額は５億円ではなく、３億8,700万円（５億円－１億3,200万円（マンション購入額）＋1,900万円（マンション評価額）＝３億8,700万円）となり、相続人が子供２人であれば、１億5,200万円の相続税が１億400万円に下がることになります。

### 🏢 中古タワーマンションによる節税のしくみ

なぜ、中古のタワーマンションに節税効果があるのか説明しましょう。

- タワーマンションは、土地の持分が少ない

  つまり、上に高い分、一部屋あたりの敷地持分がものすごく小さくなるので（本事例の場合、敷地持分面積は13.12㎡）、路線価の高い都心でも土地の評価額が非常に安く計算されます。

- 土地の評価が下がる

  中古の賃貸マンションをオーナーチェンジ（入居者はそのままの状態で所有者が変わること）で購入しているため、土地が貸家の敷地としての評価となるうえに貸付事業用として小規模宅地の50％減額も受けられます。

- 建物の評価も下がる

　建物の固定資産税評価額は、東京都心のマンションであろうと地方のマンションであろうと同じ部屋面積であれば、ほぼ同じような評価額となるため、建物の評価が安く算定されますし、オーナーチェンジなので、建物は貸家として30％減の評価となります。

　以上の理由などにより、実際の売買価格に対してタワーマンションの相続税評価額は驚くほど安く算定されることになるわけです。

　わざわざタワーマンションと強調したのは、マンションであればすべて実際の売買価格より相続税評価が極めて安く算定されるというわけではないからです。

　たとえば、築30年以上経過した東京郊外の旧公団の分譲マンションなどは、マンションの敷地がたいへん広く建物も低層であるため、70㎡の３ＬＤＫの部屋の持分敷地面積が25坪（82.5㎡）にもなり、土地建物合わせた相続税評価額は2,000万円でも、築30年以上経っているため売却したら1,500万円だったなど、売却価額よりも相続税評価額のほうが高い逆転現象を起こしているマンションも少なくありません。

　節税目的で購入するのであれば立地のよい、値下がりしづらい物件で時価と相続税評価に大きな差のある優良物件をいかに見つけるかということがポイントになります。

　もっとも、時価と相続税評価にあまりにも差がある物件は、マンションバブルの影響ですでに高くなりすぎているのかもしれないので、見極めが重要です。

　【事例３】の次に、"現金１億円をどの資産に変えるのがトクか"ということを私なりに考えた比較表を載せておきますので、参考にしてみてください。

---

**事例３**

物件所在地　東京都○○区×××（築５年弱　３×階建）
建物専有床面積　90㎡　　　敷地面積（持分対応分）13.12㎡
平成26年売買価格　　　　　　　　１億3,200万円
年間賃料　　　　　　　　　　　　500万円

(相続税評価額)

ステップ1　空室状態の場合の相続税評価
(1)建物評価額（固定資産税評価額）　　　　　　　　　　1,800万円
(2)土地評価額（路線価）123万円×13.12㎡＝1,613万円（千円以下切捨て）
(3)合計評価額　(1)+(2)＝3,413万円（売買価格の25.8%）

ステップ2　賃貸した場合の相続税評価（オーナーチェンジのため購入時から貸家）
(1)建物評価額（貸家の評価）　1,800万円×(1−0.3)＝1,260万円
(2)土地評価額（貸家建付け地の評価）
　　　　1,613万円 ×(1−0.21)＝1,274万円（千円以下切捨て）
(3)合計評価額　(1)+(2)＝2,534万円（売買価格の19%）

ステップ3　小規模宅地（貸付事業）の減額特例を適用した場合の相続税評価
(1)建物評価額（貸家の評価）　　　　　　　　　　　　　1,260万円
(2)土地評価額
　①貸家建付地の評価額　　　　　　　　　　　　　　1,274万円
　②小規模宅地（貸付事業用）の減額
　　　　　　　　　　　1,274万円× 50%＝637万円
　③特例適用後評価額　　　　　　　　　　　①−②＝637万円
(3)合計評価額
　(1)+(2)≒1,900万円（売買価格の14.4%）

第5章●不動産を相続するときに知ってトクする特例

### ●1億円の現金をどの資産に変えるのがトクか？●
(他の商品等との節税効果等の比較)

| | 安全性 下落リスク | 値上がり期待 | 換金性 | 収益性 利回り | 相続税 節税効果 |
|---|---|---|---|---|---|
| 都心の中古高層マンション | △− | △ | △ | ○ | ◎ |
| 金 | △ | △ | ○ | × | × |
| 株 | △ | △ | ○ | △− | × |
| 預貯金 | ○ | × | ○ | △− | × |
| 自己所有地にアパート・マンションを建てる | △− | × | × | ○ | ◎ |

(注) ◎：5、○：4、△：3、△−：2、×：1（5段階評価）

**相続税の取得費加算の特例**

# 相続した不動産を3年以内に売却すると譲渡税が安くなる

## 譲渡税が安くなるのは相続税が課税されている場合に限る

　相続税の納税をするために相続した不動産を売却するというのはよくあるケースですが、このようなケースにまで通常の譲渡税を課税するのはあまりに酷であるといえます。

　そこで、相続した財産を相続税の申告期限から3年以内に売却した場合には、その相続人の相続税のうち次の算式によって計算した金額を売却財産の取得費に加算するという「**相続税の取得費加算の特例**」が設けられています。

　この特例は、売却した不動産にかかっていた相続税を売却の経費（取得費に加算）にすることで、その分の譲渡益が減って譲渡税を安くするものです。

　なお、**相続税の申告期限**は死亡から10か月以内です。相続税の申告期限前の譲渡でも特例は適用されるので、死亡日から3年10か月以内の売却について適用されるということになります。

【相続税の取得費加算の算式】

---

（相続した不動産を売却した場合）

資産を譲渡した者の相続税額 × 譲渡資産の相続税評価額 / その者の相続税の課税価格

---

### 事例

　佐藤恵子さんは、父親の死亡（死亡日：平成27年1月20日）にともなう相続により取得したA土地とB土地のうちA土地（空地）を、平成27年9月10日に次の条件で売却しました。その場合の譲渡税（所得税および住民税の合計額）はいくらになりますか？

〈条件〉
① 売却価額　　　　　　　　　　　　　　　　　7,000万円
② 父親がＡ土地を取得した時期　　　　昭和40年４月20日
③ 父親がＡ土地を取得した金額　　　　　　　　1,000万円
④ 譲渡費用　　　　　　　　　　　　　　　　　　300万円
⑤ 佐藤恵子さんが父親から相続した相続財産の相続税評価と相続税
　・Ａ土地　　　　　　　　　　（相続税評価額）6,000万円
　・Ｂ土地　　　　　　　　　　（相続税評価額）2,000万円
　　　佐藤恵子さんの相続税の課税価格　　　　8,000万円
　　　佐藤恵子さんの相続税額　　　　　　　　1,500万円

〈計算の仕方〉
① 譲渡収入　　　7,000万円
② 取得費
　イ　実際の取得費　1,000万円
　ロ　特例による相続税の取得費加算額
　　　1,500万円×6,000万円／8,000万円＝1,125万円
　ハ　イ＋ロ＝2,125万円
③ 譲渡費用　　　　　300万円
④ 長期譲渡所得
　①－（②＋③）＝4,575万円
⑤ 譲渡税
　4,575万円×20.315％＝9,294,100円（100円未満切捨て）

(注) 平成26年12月31日までに発生した相続により取得した土地を売却した場合は、売却した土地だけではなく相続したすべての土地にかかる相続税を売却した土地の取得費に算入できます。
　　もし、佐藤恵子さんの父親の相続発生が平成26年12月31日以前であれば、次の算式により売却していないＢ土地の相続税も含めた1,500万円（1,500万円×8,000万円／8,000万円）が、Ａ土地の売却代金から差し引けます。
　　実際の譲渡税の計算では、所得税・復興特別所得税と住民税は別々に計算されます。

（平成26年12月31日までの相続で売却資産が土地の場合）

土地を譲渡した者の相続税額 × (その者が相続したすべての土地の相続税評価額) / (その者の相続税の課税価格)

**代償分割と換価分割**

# 代償金を支払って相続した自宅を売却した場合は居住用の特例が適用される?

## 代償分割とは

たとえば、相続財産が下記のように自宅だけで相続人が子供3人という場合に、土地建物を兄弟3人の共有で相続したとすると、この家に居住している長男Aは自分の住まいが他の兄弟と共有ということになり、何かと不便が生じることになります。

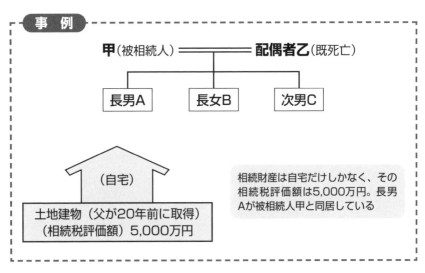

上図のような場合に行なわれる遺産分割の方法が、「代償分割」とよばれるものです。

「**代償分割**」とは、長男Aが土地建物5,000万円を相続する代わりに、長女Bと次男Cにそれに見合う金銭を代償として渡す相続の仕方です。

たとえば、上記のケースで長男Aが土地建物5,000万円を相続する代わりに、長女Bに1,000万円、次男Cに1,000万円を支払うことで話がまとまれば、これが代償分割による相続ということになります。

代償分割の場合の各相続人の相続財産(課税価格)は次ページの表の

|  | 相続財産 | 代償金 | 代償分割による取得価額 |
| --- | --- | --- | --- |
| 長男A | 5,000万円 | △2,000万円 | 3,000万円 |
| 長女B |  | 1,000万円 | 1,000万円 |
| 次男C |  | 1,000万円 | 1,000万円 |
| 合計 | 5,000万円 | 0円 | 5,000万円 |

とおりとなりますので、結局、相続財産5,000万円を兄弟3人で分けたという結果になるわけです。

### 代償分割で取得した自宅を売却した場合

このような形で遺産分けをした後で、長男Aの単独所有となった土地建物を売却した場合は、長男Aにとっての居住用財産ですから、長男Aはその売却した全部について3,000万円控除が受けられるとともに、当然、軽減税率も適用できます。

なお、遺産分割の仕方によっては換価分割とされて、長女B、次男Cに対して譲渡税が課税される場合があります。「**換価分割**」とは、遺産の全部または一部を売却して、その代金を相続人に分配する形態による遺産分割です。

このようなケースでは、事前に税理士等の専門家に相談したほうがいいでしょう。

**コラム**　「ふるさと納税」にワンストップ特例制度ができた

　ふるさと納税の内容については136ページのコラムで紹介したとおりですが、これによって税金の恩恵を受けるためには確定申告が必要です。

　たとえば、平成27年中にふるさと納税を行なったら、平成27年分の確定申告をして所得税および復興特別所得税の計算で寄付金控除され、さらに平成28年分の住民税が安くなるというしくみです（住民税は前年の所得に対して翌年課税するようになっています）。サラリーマンなどは、通常、確定申告をせず、年末調整で税金の計算が終わるので、確定申告は何かと面倒臭く感じるものです。

　そこで、平成27年度の税制改正において、寄付先が5自治体以下のときは、寄付を行なった自治体に対する寄付金控除の手続きを代行してもらえる「ふるさと納税ワンストップ特例制度」が創設されました（平成27年4月1日以後の「ふるさと納税」から適用されます）。

　この制度を適用すると、確定申告をしなくても、確定申告をしたときと同額の税金の恩恵を受けることができるのです（寄付金から2,000円を控除した残額はすべて個人住民税から控除されます）。

　このように、「ふるさと納税」制度が身近で大変便利になりました。ぜひ利用してみてはいかがでしょう？

　より詳しく知りたい人は、インターネットを使って「総務省自治税務局ふるさと納税」を検索してみてください。

# 第6章

## 不動産を交換したとき、事業用の不動産を売ったときの税金

売買と交換の違い

## 不動産を交換すると譲渡税が課税される

### 🏠 お金の代わりに土地を提供して決済したということは

　A土地とB土地を交換するという行為は、自分の所有するA土地を相手に渡して、現金で決済する代わりに相手の所有するB土地で決済するという行為なので、相手の所有するB土地の価値で売却したのと同じことになります。

●売買と交換は実は同じこと!?●

【通常の売買】

　乙さんが甲さんの所有するA土地を譲ってほしいと頼んできたため、5,000万円なら譲るといったところ話がまとまった。

【交換の場合】

　乙さんが甲さんの所有するA土地を譲ってほしいと頼んできたため、甲さんは乙さんの所有するB土地との交換ならば、A土地を乙さんに譲るといったところ話がまとまった。

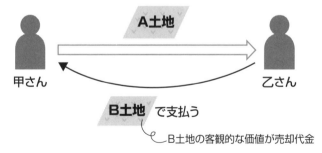

前ページの図を見るとよくわかると思いますが、交換の場合はお金ではなく、乙さんの所有するB土地で決済しているわけですから、甲さんは、A土地をB土地の価値で売却したということになります。そう考えると、甲さんはA土地を乙さんに売却したわけですから当然、A土地の譲渡益に対して譲渡税が課税されることになるわけです。

### 🏠 交換の場合の譲渡代金はいくらか

通常の売買であるならば、「A土地を5,000万円で売却した」といったように譲渡代金は明らかです。しかし交換の場合は、いくらで売却したのかという譲渡代金が交換で取得したB土地の価値になるわけですから、B土地の客観的な価値を課税当局に示さなければなりません。

甲さんの譲渡税を計算するにあたって、B土地の価値が3,000万円なのか、5,000万円なのか、あるいは1億円なのかで、甲さんの譲渡税がまったく異なってきます。

甲さんにとっては、B土地の価値を低く申告すればするほど譲渡税が安くなることになりますが、不動産鑑定士による鑑定評価など、客観的な価値によって譲渡収入を申告しなければ、税務否認を受けることになってしまいます。

「交換はお金が動かないのだから譲渡税は関係ない」と思っている人もいるようですが、次項で説明する「交換特例」を適用できるケースで、交換特例を選択した場合に譲渡税が課税されない、ということなので注意してください。

「交換特例」の適用要件

# 交換特例はどんなときに使えるものか

## 一定の要件を満たせば譲渡はなかったことに

「交換」は、相手から交換で取得した資産(以下、「交換取得資産」といいます)の時価で、自己の所有する資産(以下、「交換譲渡資産」といいます)を売却したという行為ですから、譲渡税が課税されるということを前項で説明しました。

しかし交換の場合には、金銭の授受がないため担税力に乏しい点を考慮して、**一定の要件に該当すれば、譲渡がなかったものとして譲渡税を課税しないこととしています**。

これを「**交換特例**」とよんでいますが、交換に伴って交換差金の授受がある場合については、その交換差金に対して譲渡税が課税されます。

なお、交換特例の適用によって課税されないのは譲渡税だけですから、交換により取得した資産については、登録免許税(登記費用)、不動産取得税が課税されます。

## 「交換特例」の適用要件のあらまし

「交換特例」の適用を受けるためには、以下の5つの適用要件を満たす必要があります。

①固定資産であること

交換譲渡資産も交換取得資産も、いずれも固定資産でなければなりません。したがって、いずれか一方が不動産業者等の所有する販売用の土地等である場合には、固定資産ではなく商品である棚卸資産となりますので「交換特例」は適用されません。

②1年以上所有していること

交換譲渡資産も交換取得資産も、いずれも両当事者が1年以上所有していたものでなければ、「交換特例」は適用されません。また、相手方

の資産がほしいために、わざわざ交換のための資産を取得してくるなど、当事者の一方が、「その交換のために資産を取得した」と認められる場合には「交換特例」は適用されません。

### ③同一種類の資産の交換であること

交換特例は、次の㋑から㋭に掲げる資産のうち、同一種類の資産を交換した場合でなければ適用されません。したがって、土地は土地、建物は建物どうしの交換でなければ、「交換特例」は適用されないことになります。

　㋑土地（借地権や耕作権等土地の上に存する権利を含む）
　㋺建物（付属設備や構築物を含む）
　㋩機械および装置
　㋥船舶
　㋭鉱業権（租鉱権等を含む）

### ④交換取得資産を交換直前の用途に供すること

交換により取得した資産は、交換に供した資産の交換直前の用途と同一の用途に供しなければならないこととされています。したがって、たとえば土地の交換の場合には、交換に供した資産が農地（田畑）であれば、取得した土地も農地（田畑）として使用しなければなりませんし、交換に供した資産が宅地であれば、取得した資産も宅地として使用しなければなりません。

なお、この④の適用要件は、「交換特例」の適用を受けようとする者だけに要求されている要件ですから、交換の相手方が、交換によって取得した資産をどのように使用しようが、ただちに売却してしまおうが、自身の「交換特例」の適用には影響ありません。

### ⑤時価の差額は２割以内

「交換特例」は、交換譲渡資産と交換取得資産の価額（時価）の差額が、そのいずれか高いほうの価額の20％以内でなければ適用されないことになっています。

時価の差の20%基準

# 固定資産を交換して交換差金がある場合は注意が必要

## 交換差金があるときは譲渡税がかかる

「交換特例」は、交換譲渡資産と交換取得資産の価額（時価）の差額が、そのいずれか高いほうの価額の20％以内でなければ適用されないことになっています。また、交換差金の授受がなければ譲渡税は発生しませんが、その授受があった場合の譲渡税の計算は次の算式によります。

**【交換差金の授受があった場合の交換特例適用による譲渡税の計算】**

①譲渡収入　受け取った交換差金の金額
②必要経費
　　イ　交換譲渡資産の取得費
　　ロ　譲渡費用
　　ハ　（イ＋ロ）×交換差金の金額／（交換取得資産の時価＋交換差金の金額）
③長期（または短期）譲渡所得　①－②
④譲渡税（所得税・復興特別所得税および住民税）
　　③×20.315％（短期譲渡の場合は39.63％）
（注）交換特例を適用する場合、譲渡税が発生するのは交換差金を受け取った側だけであり、交換差金を支払った側は、交換特例を適用すれば譲渡税は発生しません。

それでは、事例をもとに、譲渡税がどのようになるか計算してみましょう。なお、計算の便宜上、A土地もB土地も購入価額は不明（時価の5％を取得費とします）とし、譲渡費用はないものとします。

**【パターン1】**（交換特例が適用される場合）

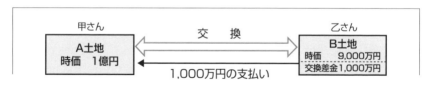

交換差金1,000万円≦「1億円（A土地）×0.2＝2,000万円」
　　∴交換特例の適用あり
〈甲さんの譲渡税の計算〉（交換特例の適用あり）
①譲渡収入　　1,000万円
②必要経費
　　㋑　取得費　1億円×5％＝500万円
　　㋺　譲渡費用　0
　　㋩　500万円×1,000万円／（9,000万円＋1,000万円）＝50万円
③譲渡所得　　①－②＝950万円
④譲渡税　950万円×20.315％＝192万9,900円（100円未満切捨て）
〈乙さんの譲渡税の計算〉
　交換特例を適用する場合は、交換差金を支払った側なので譲渡税なし。

【パターン２】（交換特例が適用できない場合）

　　交換差金3,000万円＞「1億円（A土地）×0.2＝2,000万円」
　　∴交換特例の適用なし
〈甲さんの譲渡税の計算〉（交換特例の適用なし）
①譲渡収入　7,000万円＋3,000万円＝1億円
②必要経費　㋑　取得費　1億円×5％＝500万円
　　　　　　㋺　譲渡費用　0
　　　　　　㋩　㋑＋㋺＝500万円
③譲渡所得　①－②＝9,500万円
④譲渡税　9,500万円×20.315％＝1,929万9,200円（100円未満切捨て）
〈乙さんの譲渡税の計算〉（交換特例の適用なし）
①譲渡収入　1億円－3,000万円＝7,000万円
②必要経費　㋑　取得費　7,000万円×5％＝350万円
　　　　　　㋺　譲渡費用　0
　　　　　　㋩　㋑＋㋺＝350万円
③譲渡所得　①－②＝6,650万円
④譲渡税　6,650万円×20.315％＝1,350万9,400円（100円未満切捨て）

（注）　実際の譲渡税の計算では、所得税・復興特別所得税と住民税は別々に計算されます。

時価の異なる交換①

# 時価の異なる不動産の交換

## 交換差金がなければ譲渡税はかからない

　交換特例は、交換譲渡資産と交換取得資産の価額の差額が、そのいずれか高いほうの価額の20％以内でなければ適用されません。

　したがって、たとえば甲さんが所有する時価１億円のＡ宅地と、乙さんが所有する時価7,000万円のＢ宅地とを交換することになり、乙さんが甲さんに、交換差金として3,000万円を支払うといったケースでは前ページ【パターン２】の計算例で説明したように、交換差金の額（3,000万円）が、高いほうの価額である１億円の20％（2,000万円）を超えてしまうため、交換特例は適用されず、甲さんは乙さんにＡ宅地を１億円で売却したとして、乙さんは甲さんにＢ宅地を7,000万円で売却したものとして、それぞれ譲渡税が課税されることになります。このことは、すでに説明したとおりです。

　しかし、交換においては、たとえ客観的な時価が異なっていても、両当事者が合意に達すれば、必ずしも世間相場並みの交換差金を授受するとは限りません。

　上記の例においても、甲さんがどうしても乙さんの所有するＢ宅地がほしければ、世間相場には目をつぶり、Ｂ宅地とＡ宅地の価額は同額であるとして、差金なしの交換を行なうことも十分考えられます。

**【交換資産の時価の考え方】**

> 　固定資産の交換があった場合において、交換当事者間において合意された資産の価額が、交換するに至った事情等に照らして、合理的に算定されていると認められるものであるときは、その合意された価額が通常の取引価額と異なるときであっても、「交換特例」の適用にあたっては、これらの資産の価額は両当事者において合意されたところによる。

このような場合には、互いに等価で交換したものとして、譲渡税は課税されません。

　さらに、場合によっては価値の差に目をつぶるだけではなく、甲さんのほうが乙さんに対して差金を支払うこともありえます。このような場合には、交換特例の適用要件である20％の交換差額割合の判定をどのように行なうか、という問題が生じることになります。

　なお、客観的な時価の異なる資産について、交換特例の適用要件である20％の交換差額割合の判定にあたっては、次に掲げる考え方により判断するのが合理的であるといわれています。

①不利な交換をする者の所有する資産の価額──その資産の通常の取引価額（時価）
②有利な交換をする者の所有する資産の価額──不利な交換をする者の有する資産の通常の取引価額（時価）に交換差金の額を加算または減算した金額

【交換差金をつけて交換した場合の計算例】

(1)不利な交換をする者の判定
　A土地の時価1億円＋交換差金2,000万円＞B土地の時価7,000万円
　∴甲さんが不利な交換をする者
(2)交換差額割合の判定の基礎となる価額（当事者の合意価額）
　①不利な交換をする甲さんの所有するA土地の合意価額
　　1億円（A土地の時価）
　②有利な交換をする乙さんの所有するB土地の合意価額
　　1億円（A土地の時価）＋交換差金2,000万円＝1億2,000万円
(3)交換差額割合
　1億2,000万円－1億円＝2,000万円≦
　　　　　　　　　　　1億2,000万円（高いほうの価額）×0.2
　∴交換特例の適用あり

**時価の異なる交換②**

# 親子等の特殊関係者間での不動産の交換について

## 特殊関係者の間の交換は問題になりやすい

　交換特例は、交換譲渡資産と交換取得資産の価額の差額が、そのいずれか高いほうの価額の20％以内でなければ適用されません。

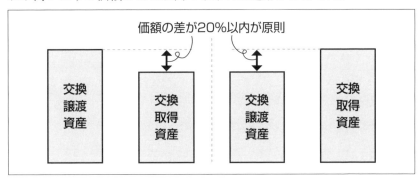

　しかし、たとえ客観的な時価が異なっていても、交換当事者間において合意された資産の価額が、交換するに至った事情等に照らして、合理的に算定されていると認められるものであるときは、その合意された価額をもとに「交換特例」の適用の有無を判定することとされています。

　したがって、客観的な時価が異なる資産どうしの交換であっても、交換当事者が利害関係のない他人である場合には、両当事者の合意した価額をもとに「交換特例」を適用することについて、税務署が問題とすることはあまり考えられません。

　問題となるのは親子間、兄弟間、社長と同族会社間といったように、特殊関係者間における交換です。

　交換当事者が親子等の場合には、恣意的な価額の決定であるとして、たとえ両者が等価であると主張しても、時価差額分が「交換差金」と認定され、次ページの事例のように、交換特例が適用できないだけでなく、贈与税の課税も行なわれることにもなりかねないので、くれぐれも注意してください。

> **事例**
>
> 　父・甲が所有するA土地と、子・乙が所有するB土地を交換したが、お互いに等価交換ということにし、差金の授受は行なわなかった。なお、父・甲と子・乙とが等価交換とするに至った合理的な事情は存在しない。

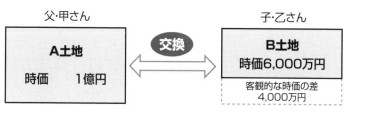

**【交換特例の適用の有無】**

① 価額の高いA土地の時価　　　1億円

② 価額の低いB土地の時価　　6,000万円

③ 交換差額割合の判定

　1億円－6,000万円＝4,000万円＞1億円×0.2

　∴交換特例の適用なし

　このような取引を行なった場合は、父・甲と子・乙が互いに所有する土地を6,000万円で売却しあったものとして、譲渡収入6,000万円をもとに、それぞれが譲渡税を計算することになるとともに、父・甲の所有するA土地の時価1億円と子・乙の所有するB土地の時価6,000万円の差額である4,000万円は、父・甲から子・乙へ贈与したものとして、子・乙に贈与税が課税されることになると考えたほうがいいでしょう。

土地と土地付建物の交換

# 交換特例が適用される「同種の固定資産」とは

## 土地と建物の交換には交換特例が適用されない

　「交換特例」は、交換譲渡資産と交換取得資産が、同種の固定資産どうしの交換でなければ認められていません。つまり、171ページで説明したように、土地と土地との交換、建物と建物との交換というように、同一種類の資産を交換した場合でなければ適用されないので、土地と建物との交換では交換特例は適用されないわけです。

（パターン1）
　土地Aの時価が1億円、土地Bの時価が9,000万円、建物Cの時価が1,000万円の場合。

（パターン2）
　土地Aの時価が1億円、土地Bの時価が7,000万円、建物Cの時価が3,000万円の場合。

　それでは、上図のように、甲さんが所有する土地Aと、乙さんが所有する土地Bおよび建物Cとを交換することとした場合、お互いの時価が1億円ということで金銭による差金の授受をしなければ「交換特例」は適用できるのでしょうか？

　交換譲渡資産が土地であれば、交換取得資産も土地でなければ、交換特例は適用できません。したがって、この事例のように土地と土地付建

物との交換の場合には、建物は交換差金として交換特例の適用を判断することになります。

（パターン１）の場合

交換差金1,000万円（Ｃ建物）≦「１億円（Ａ土地）×0.2＝2,000万円」
∴交換特例の適用あり

（パターン２）の場合

交換差金3,000万円（Ｃ建物）＞「１億円（Ａ土地）×0.2＝2,000万円」
∴交換特例の適用なし

甲さん、乙さんとも１億円で不動産を譲渡したとして譲渡税を計算することになります。

### 【「土地は交換、建物は売買」とした場合】

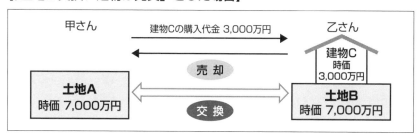

では、上図のように土地Ａと土地Ｂとの時価が7,000万円ずつの等価であるとして、差金の授受は行なわずに等価交換とし、建物Ｃを乙さんから甲さんへ3,000万円で売却した場合の交換特例の適用はどうなるのでしょうか？

この場合は、後述する「同種類の一の資産である土地の一部は交換とし一部を売買とする」ケース（182ページを参照）とは異なり、あくまで交換特例の適用は、交換をした土地どうしで適用があるか否かを判断するので、土地Ａと土地Ｂとの交換が交換特例の適用要件を満たしているのであれば、交換特例が適用できます（乙さんは甲さんへＣ建物を3,000万円で売却しているので、この建物の売却については、通常の譲渡税の計算となります）。

なお、実務的には土地の価値と建物の価値を合理的に区分するのはきわめて難しく、その区分の仕方によっては交換差金の20％の問題が生じて交換特例が適用できなくなるケースが生じますので注意してください。

宅地と駐車場の交換

# 交換特例が適用される"同一の用途に供する"とは

## 同一用途の判定のしかた

　交換により取得した資産は、交換に供した資産の交換直前の用途と同一の用途に供しなければならないこととされています。

　この場合、交換取得資産を、交換譲渡資産の譲渡直前の用途と同一の用途に供したかどうかは、その資産の種類に応じ、おおむね次に掲げる区分により判定することになります。

●同一用途の判定区分●

①土地の場合
　宅地、田畑、鉱泉地、池沼、山林、牧場または原野、その他の区分による
②建物の場合
　居住の用、店舗または事務所の用、工場の用、倉庫の用、その他の用の区分

　したがって、たとえば土地の交換の場合には、交換に供した資産が農地（田畑）であれば、取得した土地も農地（田畑）として使用しなければなりませんし、交換に供した資産が宅地であれば、取得した資産も宅地として使用しなければなりません。

## 土地についての同一用途の区分の判定

　土地についての同一用途かどうかの区分は、登記上の地目ではなく、その現況により判定します。現況が宅地でも、登記上は畑や田、山林といった、もともとの地目のまま地目変更をしていないケースも多いので、税務申告の際には固定資産税の課税上の現況地目を示して用途を証明する、などといったことが行なわれています。

宅地の場合は、本来、建物の敷地が宅地ということになるのですが、いつでも本来の用途に使用できるものであれば、空閑地であっても問題ないとされています。

### 🏠 宅地と青空駐車場の交換の場合

よく問題となるのが、宅地と青空駐車場との交換です。駐車場は、固定資産税の課税上の地目が雑種地とされていますので、上記の用途区分では宅地ではなく「その他の土地」になるものと考えられます。

しかし、青空駐車場として利用している土地であっても、それがすでに市街地を形成している地域にあり、いつでも建物が建築できる状態にあるものは、宅地見込み地として、「宅地」として取り扱われることとされています。

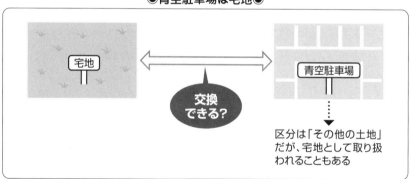

●青空駐車場は宅地●

つまり、市街地地域にあっていつでも建物が建築できる状態の青空駐車場と宅地の交換は認められるということです。

**交換特例の適用・不適用①**

# 一部交換、一部売買の場合の取扱い

## 等価交換部分以外を売却すると

交換特例は、交換譲渡資産と交換取得資産の価額の差額が、そのいずれか高いほうの価額の20％以内でなければ適用されないので、土地の一部を交換とし、残りを売買とすることで交換特例を適用できないかと考える人がいます。その場合の取扱いはどうなるのでしょうか？

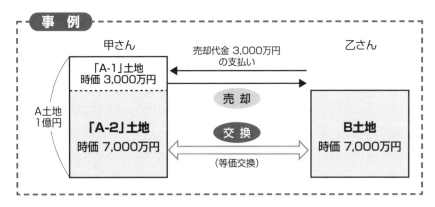

上図では、甲さんが所有するA土地の時価が1億円で、乙さんが所有するB土地の時価は7,000万円です。このように、時価に差のある土地を交換する場合には、次の2つの方法が考えられます。

①甲さんがどうしても乙さんの所有するB土地がほしい場合には、時価の差には目をつぶり、B土地の価値を高く評価して、等価交換を行なう。
②甲さんと乙さんは時価の差をお互いに認識し、時価の差額を交換差金として金銭で精算する。

①の方法の場合は、交換特例が適用できますが、②の方法の場合は、

時価の差が20％を超えると、交換特例は適用できないことになります。

そこで、前ページの図のように、時価の差額部分に相当する部分「A－1」を切り離して、この「A－1」部分は3,000万円で売却し、「A－2」部分とBとを差金なしの等価交換とすれば、交換特例が適用できるのではないかと考えるわけです。

### 売買部分も交換に含まれる

交換差額割合を減らして交換特例を適用するために、一の固定資産を分割して、その一部については交換とし、他の部分については売買としているときは、これらの取引を一体の行為とみて、その売買とした部分を含めた全体について交換があったものとされます。そして、売買代金はその交換における交換差金として、交換差額割合が判定されることになっています。

なお、上記の事例で分割した「A－1」土地は丙さんに売却し、「A－2」土地とB土地とを交換とした場合は、これらの取引は一体の取引ではないので、「A－2」土地とB土地との交換については交換特例が適用できます。

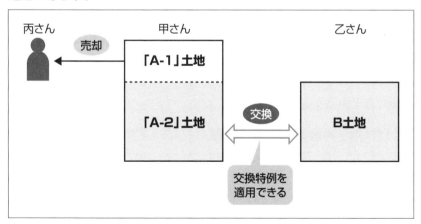

ただし、交換特例を適用するために特殊関係者等に偽装工作を頼んで、「A－1」土地を購入してもらった形態にするなどの場合は当然、一体の取引の仮装ですから、交換特例が適用できないだけでなく、重加算税の対象となると考えなければならないでしょう。

交換特例の適用・不適用②

# 借地権と底地の交換の場合の取扱い

## 借地権は土地に含まれる

こんな相談を受けることがあります。

「実は、私の家は父の代から100坪ほどの土地を地主さんから借りて、その上に自宅を建てて住んでいるのですが、このたび地主さんから、『40坪返してくれたら、残り60坪分の土地はお宅の名義にしますが、いかがでしょう？』という提案を受けています。この提案を承諾した場合、税金はどのようになるのでしょうか？」

このような取引は、「借地権」と「底地」の交換取引ということになります。次ページの事例でいえば、地主・甲さんの底地60坪と借地人・乙さんの借地権40坪を交換したということです。

「交換特例」は、交換譲渡資産と交換取得資産が、同種の固定資産どうしの交換でなければ認められません。つまり、土地は土地との交換でなければ認められていませんが、土地には、借地権や耕作権などの土地の上に存する権利も含まれるので、借地権と底地の交換は当然、交換特例の対象となります。

## 耕作権と底地を交換する場合

借地権と底地との交換と同様なケースで、農地の「耕作権」と底地の交換の場合があります。農地の耕作権とは、いわゆる小作人が地主から農地を借りて耕作する場合に発生する権利で、「小作権」ともよばれます。

農地の耕作権と底地との交換は、相続税における耕作権の評価が更地の35％を基準としていることから、小作人35％、地主65％を軸にして交換割合が決められることが多いようです。

> **事例**
>
> 借地人・乙さんが100坪の借地のうち40坪の借地を地主・甲さんに返却する代わりに、60坪の土地を地主・甲さんから取得した場合。

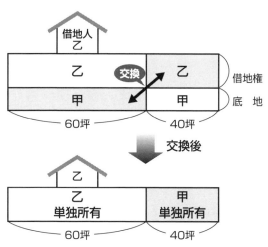

なお、交換特例の対象となる耕作権は農地法の規定により農業委員会に登録されている耕作権が対象なので、事実上耕作しているだけのいわゆる"ヤミ小作"は交換特例の対象とはなりません。

## 借地権と底地の交換割合

また、地主さんから、「この地域の借地権割合は、税務署で定めた路線価図ではC地区（借地権割合70％の地区）となっていますが、借地人との交渉で50％は返してもらえそうですが、その割合の差額20％分は贈与となるのでしょうか？」との相談を受けることがあります。

この場合も、お互いにその割合を等価と決めて交換したものであれば、その地域の借地権割合と異なる割合で借地権と底地の交換をしたとしても、当事者がまったくの他人同士であれば、贈与など税務上の問題が発生することはありません。

しかし、親子などの特殊関係者間での借地権と底地の交換であれば、路線価に設定されている借地権割合と異なる割合を設定して交換を行なう場合は、贈与の問題になりかねないので、慎重な対応が必要です。

共有物分割

# 兄弟で共有の土地を分割した場合はどうなる？

## 「共有物の分割」とはどういうことか

「10年前に父が亡くなったときに、100坪の駐車場を私（兄）と弟の2人で、共有で相続しました。共有持分は2分の1ずつなのですが、最近になって弟から、『この土地に家を建てたいので、分筆して均等に分けたい』との申入れがありました。

そこで、弟と共有で持っているA土地を「A－1」「A－2」の2つに分筆して、それぞれの単独名義としたいのですが、それぞれ売却しあったとして、譲渡税が課税されるのではないでしょうか？」という相談を受けることがあります。

このような行為は、兄と弟の共有持分を交換したようにもみえますが、共有の土地を分割して単独所有にすることを「**共有物の分割**」といい、交換による譲渡とは異なった扱いがされます。

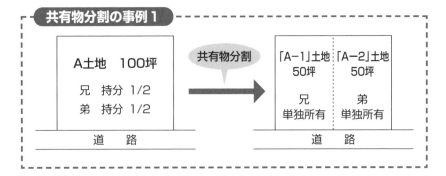

共有物分割の事例1

つまり、自分の所有する土地と相手の所有する土地とを交換した場合は、交換取得資産の時価で譲渡したものとして譲渡税が課税され、一定の要件を満たしていれば「交換特例」の適用を受けることができ、交換差金部分についてだけ譲渡税が課税されます。

それに対して「共有物の分割」は、その共有地全体に及んでいる共有持分権を、その土地の一部に集約するにすぎないと考えられており、税務上の取扱いは、「その共有にかかる一の土地について、その持分に応ずる現物分割があったときには、その分割による土地の譲渡はなかったものとして扱う」とされています。

したがって、共有物の分割によって譲渡税が課税されることはありません。また交換特例は、交換特例を適用するための確定申告を行なわなければ適用が認められませんが、共有物の分割は確定申告する必要もなく譲渡はなかったものとして取り扱われます。

なお、次の【共有物分割の事例2】のように、角地を分割するような場合は、単純に持分の比で分割すると、角地とそうでないところで価値の差が出てしまいます。

そのため、分割後のそれぞれの土地の面積の比が分割前の持分とは異なっても、その価額の比が客観的におおむね等しく分割されていれば、譲渡税は課税されません。

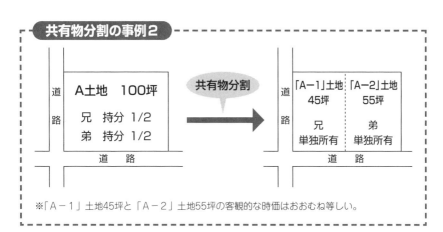

共有物分割の事例2

※「A-1」土地45坪と「A-2」土地55坪の客観的な時価はおおむね等しい。

また、特殊関係者間で道路に面した土地と無道路地に分割するなど、明らかに不均衡な分割が行なわれた場合には、不利な分割をした者から有利な分割をした者へ贈与があったものとして、贈与税が課税される場合がありますので、注意してください。

事業用資産を売ったときの買換え特例①

# 特定事業用資産の買換え特例とは何か

## 「特定事業用資産の買換え特例」にはどんなものがあるか

　第４章で説明した「居住用財産の買換え特例」と同様に、特定の事業用の土地や建物を売却して、新たな土地や建物を購入し、かつ、これを再び事業の用に供する場合には「**特定事業用資産の買換え特例**」（以下「事業用の買換え」といいます）が設けられています。

　「事業用の買換え」は全部で10項目あり、大きく分けると次の３つに大別されます。

【「事業用の買換え」の種類】

---

①事業の用に供している一定地域内にある土地または建物を売却して一定地域内にある土地や建物を取得した場合

②事業の用に供している長期所有の土地または建物を売却して、代わりの土地や建物を取得した場合

③事業の用に供している船舶を売却して、代わりの船舶その他の減価償却資産を取得した場合

---

　これらの「事業用の買換え」のうち、圧倒的に多く利用されるのが②の買換えで、「**長期所有資産からの買換え**」（租税特別措置法37条１項９号の買換え特例）といわれるものです。「事業用の買換え」といった場合は通常、この規定をさしています。

　以下、本章においては、この「長期所有資産からの買換え」を中心に説明していきます。

## 「事業用の買換え」を受けるための適用要件

　まず、「事業用の買換え」を受けるためには、次ページの４つの要件をクリアしなければなりません。

**【「事業用の買換え」の適用要件】**

> ①どんな資産を売却するのか
> ②どんな資産に買い換えるのか
> ③いつまでに買い換えるのか
> ④いつまでに事業の用に使用するのか

　これらの要件について、具体的にまとめてみると次のようになります。

**①どんな資産を売却すれば適用されるのか**

　事業（事業に準ずるものを含みます。以下同じ）の用に供している土地や建物などで売却する年の１月１日において所有期間が10年を超えるものです。

　なお、不動産賃貸業の場合、事業とはアパートを10室以上賃貸している場合などが該当しますが、賃貸マンション１室というような事業と称するに至らない不動産の貸付でも、相当の対価を得て継続的に貸し付けられているような場合は、事業に準ずるものとして適用があります。

**②どんな資産に買い換えれば適用されるのか**

　事業の用に供するために購入する国内にある300㎡以上の土地や建物などです。ただし、買換資産として土地を取得した場合、その土地の面積が売却した土地の面積の５倍を超える場合には、その５倍を超える部分は買換資産に該当しないこととされています。なお、土地には借地権や耕作権などの土地の上に存する権利も含まれます。

**③いつまでに買い換えれば適用されるのか**

　原則として、売却した年、または前年、翌年中に買換資産を購入すればよいことになっています。

**④いつまでに事業の用に使用すれば適用されるのか**

　取得の日から１年以内に事業の用に供すればよいことになっています。

　なお、「長期所有資産からの買換え」の適用期限は、平成29年３月31日までの譲渡になっております。それ以外の「事業用の買換え」については、適用期限が平成29年12月31日までの譲渡とされています。

事業用資産を売ったときの買換え特例②

# 「事業用の買換え」は売却代金の80％が限度

## 「事業用の買換え」の適用は売却代金の8割まで

「居住用財産の買換え特例」は、売却代金以上の買換資産を購入すれば、譲渡税はゼロとなりますが、「事業用の買換え」の場合は、**売却代金の8割まで**しか買換え特例の適用が認められていません。したがって、以下の算式にあるとおり、買換資産の購入代金が売却代金以上であっても、売却金額の20％は課税の対象とされます。

●「事業用の買換え」を適用した場合の譲渡税の計算式●

①譲渡収入（売却代金）
　イ　売却価額≦買換価額の場合
　　　売却価額 − 売却価額×80％ ＝特例適用後の譲渡収入（A）
　ロ　売却価額＞買換価額の場合
　　　売却価額 − 買換価額×80％ ＝特例適用後の譲渡収入（B）
②必要経費
　（売却資産の取得費＋譲渡費用）×（A）または（B）/売却価額
③特例適用後の売却利益
　①−②
④譲渡税（所得税・復興特別所得税および住民税）
　③×20.315％

## 「事業用の買換え」を適用した場合の譲渡税の計算

それでは、「事業用の買換え」の適用要件を満たしている賃貸マンションを1億円で売却して、もともと自分が所有していた土地に新たに1億円で賃貸マンションを建設した場合に、「事業用の買換え」を適用した場合と適用しなかった場合とで税金がどのくらい違うかみてみましょ

う。

なお、売却した賃貸マンションの取得費は700万円（計算の便宜上、減価償却費は考慮しません）、譲渡費用は300万円とし、必要経費は全部で1,000万円として計算するものとします。

そうすると、以下の計算結果のとおり、「事業用の買換え」を適用しない場合の譲渡税が約1,828万円であるのに対して、「事業用の買換え」を適用した場合の譲渡税は約366万円ですむことがわかります。

**【「事業用の買換え」を適用しない場合の譲渡税】**

① 譲渡収入　　1億円
② 必要経費　　1,000万円
③ 売却利益　　①－②＝9,000万円
④ 譲渡税　　　9,000万円×20.315％＝<u>1,828万3,500円</u>

**【「事業用の買換え」を適用した場合の譲渡税】**

① 譲渡収入　　1億円－1億円×80％＝2,000万円
② 必要経費　　1,000万円×2,000万円／1億円＝200万円
③ 売却利益　　①－②＝1,800万円
④ 譲渡税　　　1,800万円×20.315％＝<u>365万6,700円</u>

（注）実際の譲渡税の計算では、所得税・復興特別所得税と住民税は別々に計算されます。

## 🏠 地方から大都市への買換えは70％（75％）に縮減された

「事業用の買換え」では80％まで買換えの特例が認められていますが、平成27年度税制改正により、下表のとおり70％（75％）に縮減される地域ができました（東京23区や地方での買換えは80％のまま）。

|  | 譲渡資産 | 買換資産 | 改正前 | 改正後 |
|---|---|---|---|---|
| ① | 地方 | 東京23区 | 80％ | → 70％ |
| ② | | 首都圏近郊整備地帯等 | 80％ | → 75％ |
| ③ | | 上記①②以外 | 従来どおり80％ | |

（注）地方とは東京23区、首都圏近郊整備地域等以外の地域。首都圏近郊整備地帯等とは、東京23区を除く首都圏既成市街地、首都圏近郊整備地帯、近畿圏既成都市区域、名古屋市の一部。

**事業用資産を売ったときの買換え特例③**

# 「事業用の買換え」は課税の繰延べ　その1

## 🏠「事業用の買換え」の"落とし穴"にご注意を！

　前項の計算例では、「事業用の買換え」を適用した場合の譲渡税が約366万円で、適用しなかった場合の譲渡税が約1,828万円となっています。

　この計算例をみると、「1,000万円以上も税金が安くなるのなら、『事業用の買換え』を使ったほうがだんぜんおトクだぞ」という気がします。

　それでは、「事業用の買換え」には落とし穴はないのでしょうか？

　居住用の買換え特例のときも説明したように、「買換え特例」は「課税の繰延べ」といって、課税の先延ばしをする規定です。

　譲渡税は買った値段と売れた値段の差である"もうけ"（譲渡益）に対して課税されるわけですが、下図に示したように、買換え特例を適用した場合は、売却した不動産の"もうけ"を先送りして、買い換えた資産に付け替えましょうということなのです。

●「買換え特例」のイメージ●

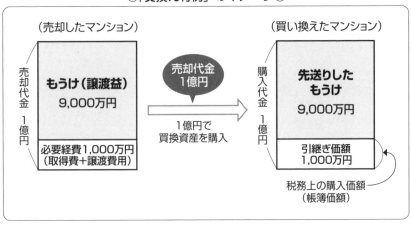

※前ページの図にあるとおり、売却したマンションのもうけである9,000万円について課税を先延ばししようというのが「買換え特例」です。つまり、買い換えた賃貸マンションの建築代金は1億円ですが、税務上では1億円を買値とはしないで、元の売却したマンションの原価（必要経費）である1,000万円を新たに建築した賃貸マンションの税務上の買値（帳簿価額）と考えます。

したがって、次にこのマンションを7,000万円で売却したとすれば、1億円で建てたものを7,000万円（計算の便宜上減価償却は考慮しません。以下同じ）で売却するわけですから、本来は3,000万円の赤字ということになります。ところが、買換え特例を適用している場合は、税務上の買値（帳簿価額）は1億円ではなく1,000万円ですから6,000万円の利益（7,000万円－1,000万円）が出たものとして、この買い換えたマンションの売却時に課税されることになるのです。

なお、「事業用の買換え」は80％の買換えしか認めていないので、実際にはもっと複雑なしくみになります。

●「事業用の買換え」の"80％限度"の場合のイメージ●

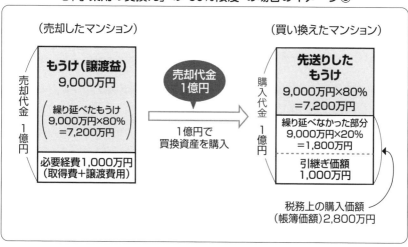

# 6-14 「事業用の買換え」は課税の繰延べ　その2

事業用資産を売ったときの買換え特例④

## 「事業用の買換え」の場合は取得費引継ぎの計算式も複雑

前項で説明したように、買換え特例は課税の繰延べですから、買換資産については、売却した元の資産の取得費を引き継ぐことになります。

「事業用の買換え」は、居住用の買換え特例と異なり、売却代金の8割までしか買換え特例の適用が認められていないため、この取得費の引継ぎの計算式も複雑になります。

「事業用の買換え」の場合の取得費の引継ぎの算式を示すと、次のとおりです。

### ●買換資産の取得費の引継ぎの計算式●

① 「譲渡資産の売却価額＞買換資産の取得費」の場合

$$(C \times \frac{B \times 80\%}{A}) + B \times 20\%$$

② 「譲渡資産の売却価額＝買換資産の取得費」の場合

$$(A \times 20\%) + (C \times 80\%)$$

③ 「譲渡資産の売却価額＜買換資産の取得費」の場合

$$(A \times 20\%) + (C \times 80\%) + (B - A)$$

(注)　A：譲渡資産の売却価額
　　　B：買換資産の取得価額
　　　C：譲渡資産の取得費および譲渡費用の合計額

※193ページの計算例で、買換え特例を適用して建設した賃貸マンションの引継ぎ取得費は、上記②の場合なので、以下の計算結果のように2,800万円となります。つまり、実際の取得費（建築価額）は、1億円ですが、税務上の取得費は2,800万円となるわけです。

【取得費の引継ぎ計算】
（1億円×20％）+（1,000万円×80％）= 2,800万円

そうすると、このマンションの減価償却費が変わってきます。
このマンションが鉄骨（耐用年数34年）で作られたものであるとすれば、「事業用の買換え」を適用しなければ、1億円をもとに減価償却費の計算を行なうので、毎年の減価償却費は300万円となりますが、「事業用の買換え」を適用した場合は2,800万円が税務上の取得価額となるわけですから、2,800万円をもとに減価償却費を計算すると84万円となってしまいます。

【減価償却費の計算】
①買換え特例を適用しなかった場合
　1億円×0.030 = 300万円
②買換え特例を適用した場合
　2,800万円×0.030 = 84万円

その結果、毎年の確定申告における不動産所得は、「事業用の買換え」を適用すると、適用しなかった場合より216万円（300万円−84万円）増加します。
したがって、たとえば所得税および住民税の税率が合計30％の人だとすれば、「事業用の買換え」を適用することにより、毎年約65万円（216万円×30％ = 64万8,000円）ずつ多い税金を34年間にわたり払い続けることになります。結局、「事業用の買換え」を適用すると、売却した年の譲渡税は安くなりますが、そのツケを毎年払い続けることになるわけです。

事業用資産の交換特例

# 交換特例が適用されない場合でも事業用資産の交換特例がある

## 「特定事業用資産の交換特例」とはどんな特例か

「特定事業用資産の交換特例」(以下、「事業用の交換特例」といいます)とは、次ページの図のとおりの特例です。

つまり、「事業用の買換え」(下図)が事業用資産の譲渡先と買換資産の購入先が異なるのに対して、「事業用の交換特例」は、事業用資産の譲渡先と買換資産の購入先が同一であるという違いがあります。

「事業用の交換特例」の要件および計算方法は、「事業用の買換え」とまったく同じです。交換により譲渡した土地・建物等は時価により譲渡し、交換により取得した土地・建物等は時価により取得したものとみなされて、「事業用の買換え」が適用されることになります。

したがって、事業用の交換特例でも「事業の用に供している長期所有の土地または建物を交換譲渡して、代わりの土地や建物を交換取得した

◉「事業用の買換え」のしくみ◉

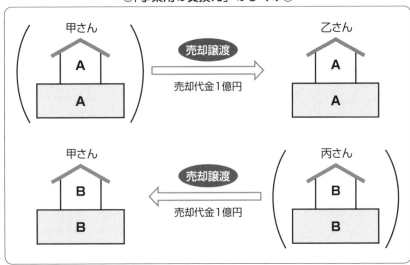

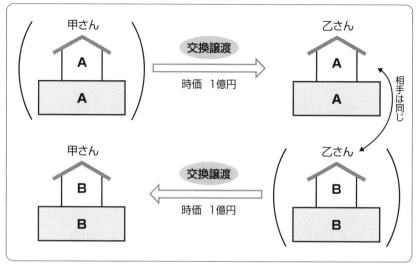

●「事業用の交換特例」のしくみ●

場合」（長期所有資産からの交換）が、最もよく使われる事業用の交換特例です。

なお、「事業用の交換特例」は「事業用の買換え」の交換バージョンですから、長期所有資産からの交換も適用期限は平成29年3月31日までの交換譲渡となっています。

### 「事業用の交換特例」は通常の「交換特例」とどこが違うか……

それでは、170ページで説明した「交換特例」と「事業用の交換特例」はどのように違うのでしょうか？

「事業用の交換特例」は、「交換特例」と異なり、交換差金が2割以内であるとか、土地は土地、建物は建物といった同種の資産との交換しか特例適用を認めない、などの制約はありません。たとえば、土地付建物と土地付建物の交換の場合は、上図にあるとおり、「交換特例」の対象とならないケースでも「事業用の交換特例」の適用が受けられます。

ただし、「事業用の交換特例」は「事業用の買換え」の要件を満たしていることが必要であり、「交換特例」は100％の繰延べができるのに対して、「事業用の交換特例」は80％（70％または75％）の繰延べしかできません。

### ●「事業用の交換特例」が適用できる例●

**〈パターン1〉** 「交換特例」は適用できないが、「事業用の交換特例」は適用できるケース

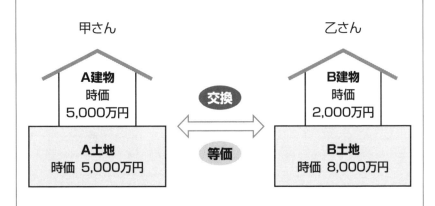

**〈パターン2〉** 「交換特例」は適用できないが、「事業用の交換特例」は適用できるケース

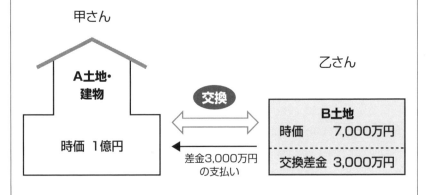

※甲さんは、交換で取得したB土地の上に、アパートを建築して事業の用に供する。

弓家田良彦（ゆげた よしひこ）
1960年生まれ。中央大学商学部卒業。1988年、弓家田税理士事務所を開設。現在、税理士法人弓家田・富山事務所代表社員。
多摩信用金庫、京王不動産などの顧問を務め、資産税に関するセミナー講師としても活躍。特に『たましんすまいるプラザ』では毎月、相続セミナーを行っている。近年においては『週刊ダイヤモンド』『ダイヤモンドMOOK』『ダイヤモンド・ザイ』などの相続特集、贈与特集記事の総合監修なども手がけている。
主な著書に『最新版相続・贈与でトクする事典』『不動産の売買・譲渡・買換えの税金でトクする法』（以上、日本実業出版社）、『相続・贈与知らないと損する㊙ガイド』（アニモ出版）、『小さな会社の中期経営計画やさしくわかる徹底ガイド』『知らないと損する家族が死んだときの相続手続き』（共著、アニモ出版）、『マイホームの税金がわかる本』（中央経済社）、『不動産譲渡・取得・賃貸・相続の税金対策』（共著、中央経済社）などがある。

石田博英（いしだ ひろひで）
1966年生まれ。東京農業大学卒業。農業団体勤務後、不動産コンサルティング会社にて不動産の鑑定・物納・権利調整業務に従事。その後、税理士弓家田良彦氏のもとで譲渡・相続税等の資産税業務を担当。2001年、税理士試験合格。2005年より熊本市にて税理士事務所を開設、不動産を中心とする譲渡・相続コンサルティングを多数手がける。現在、石田税理士事務所所長、㈱TAPコンサルティング代表取締役。

不動産を買うとき売るときの税金でトクする法
2015年5月1日 初版発行

| 著 者 | 弓家田良彦 ©Y.Yugeta 2015 |
| | 石田博英 ©H.Ishida 2015 |
| 発行者 | 吉田啓二 |
| 発行所 | 株式会社 日本実業出版社 東京都文京区本郷3-2-12 〒113-0033 大阪市北区西天満6-8-1 〒530-0047 |

編集部 ☎03-3814-5651
営業部 ☎03-3814-5161
振　替 00170-1-25349
http://www.njg.co.jp/

印刷／厚徳社　　製本／共栄社

この本の内容についてのお問合せは、書面かFAX（03-3818-2723）にてお願い致します。
落丁・乱丁本は、送料小社負担にて、お取り替え致します。
ISBN 978-4-534-05279-7　Printed in JAPAN

## 読みやすく・わかりやすい日本実業出版社の本

最新版　大家さんのための
# アパート・マンション経営の資金と税金でトクする法

富山　さつき
定価 本体1600円（税別）

大家さん向けに、建築資金の調達方法や青色申告のポイント、節税対策などを解説したロングセラーの最新版。2015年1月から適用された相続税・贈与税の改正に対応した、トクする情報が満載。

# 失敗しない不動産の相続

阿藤　芳明
定価 本体1600円（税別）

土地・建物の相続で"もめない"方法について、図も用いてわかりやすく解説する決定版！　生前の不動産整理から土地の分割、節税対策などまで、円満に財産を引き継ぐための方法がわかります。

# 中古マンション 本当にかしこい買い方・選び方

針山　昌幸
定価 本体1400円（税別）

日本初の不動産売買サイトを立ち上げた著者による中古マンション買い方バイブル。ライフスタイルにあった"お宝マンション"の選び方から、保険・税金やリフォームのポイントなどまでを解説。

図解
# 消費税のしくみと実務がわかる本

小池　正明
定価 本体1800円（税別）

複雑でややこしいと言われる消費税のしくみから実務処理のポイントまでを、新人経理担当者でも理解できるよう図解でわかりやすく解説。「税率8％」など2014年4月1日施行の改正事項も網羅。

定価変更の場合はご了承ください。